Ich fülle mein

HUNGRIGES HERZ

mit Liebe statt Nahrung

Dieses Buch widme ich meiner Mama, die mit 42 Jahren an ihrer Sucht starb.
Das ist jetzt 24 Jahre her und ich vermisse sie immer noch jeden Tag!

You are always on my mind!

Die Gestalt Deines Körpers

folgt der

Gestalt Deiner Gedanken!

Um Deinen Körper zu verändern,

musst Du zuerst erkennen,

was ihn formt(e)!

Beate Huppertz-Herrmann

Ich fülle mein

HUNGRIGES HERZ

mit Liebe statt Nahrung

Nicht wenn ich schlank bin werde ich glücklich,
sondern wenn ich glücklich bin werde ich schlank!

Die in diesem Buch enthaltenen Informationen sollen aufklären. Sie ersetzen keine medizinische Diagnose, ärztliche Verordnung oder Behandlung von Gesundheitsstörungen aller Art. Die Autorin kann für unsachgemäßen Gebrauch keine Haftung übernehmen.

Bibliografische Information der Deutschen Nationalbibliothek:
Die Deutsche Nationalbibliothek verzeichnet diese Publikation in der Deutschen Nationalbibliografie; detaillierte bibliografische Daten sind im Internet über http://dnb.dnb.de abrufbar.

Illustration: Beate Huppertz-Herrmann/grafik &design by kiss

Herstellung und Verlag: BoD - Books on Demand, Norderstedt

ISBN: 978-3-7322-8288-3

Inhaltsverzeichnis

Vorwort

Wenn Du tust, was Du immer getan hast,
wirst Du bekommen, was Du immer schon bekommen hast.
Wenn Du nicht bekommst, was Du willst,
tu etwas Anderes.

(Abraham Lincoln)

Dieses Buch ist - für DICH!

Es entstand aus meinem Bedürfnis heraus, meine eigenen teils leidvollen Erfahrungen, Erlebnisse und positiven Erkenntnisse, öffentlich zu machen und mit Dir zu teilen.

♥ Damit DU nicht erst die gleichen Erfahrungen machen musst, die ich gemacht habe!

♥ Damit DU so schnell wie möglich den Weg in eine glückliche und selbstbestimmte Zukunft findest!

♥ Damit DU den Teufelskreis aus Diäten und Jojo-Effekt verlassen kannst!

♥ Damit DU aufhören kannst Dich schlecht, verzweifelt und hilflos zu fühlen, weil Du denkst aus eigener Undiszipliniertheit zu lebenslangem Übergewicht und Unglück verurteilt zu sein!

Es ist an der Zeit, endlich Frieden mit dem Essen zu schliessen, denn Du kannst nicht einfach damit aufhören wie mit Alkohol und Nikotin - es ist der Treibstoff Deines Lebens. Essen ist nicht Dein Feind - lass es den Platz in Deinem Leben einnehmen, für den es vorgesehen ist: Eine wunderbare und genussvolle Möglichkeit Deinen Körper auf leckere Weise zu nähren.

Und es ist an der Zeit endlich zu erkennen, dass ein glückliches Leben in einem schlanken, gesunden Körper absolut NICHTS mit Disziplin oder Willenskraft zu tun hat. Deswegen höre damit auf, Dich selber zu verurteilen, weil Du es mit einer Diät bisher nicht geschafft hast langfristig schlank zu bleiben. **Es ist schlicht unmöglich**! Näheres dazu wirst Du in den nächsten Kapiteln finden.

Wenn ich in diesem Buch das Wort schlank benutze, meine ich damit weder eine gesellschaftliche Norm, noch den BMI oder eine bestimmte Zahl auf der Waage. Ich meine damit das, was ich persönlich für mich als Lieblingsgewicht definiere. Du wirst es wissen und merken, wenn Du es erreicht hast, denn wenn Du gelernt hast, Dich, Dein Leben und Deinen Körper wert zu schätzen, wirst Du auch die richtigen Signale empfangen und erkennen können, wenn sich Etwas für Dich richtig und stimmig anfühlt. Habe Vertrauen in Dich und die Weisheit Deines Körpers.

In einer Zeit, in der die gute Ernährung insgesamt an Stellenwert verloren hat und die Werbung und die Fast Food-Ketten uns sagen, was richtig für uns ist, wird es von Tag zu Tag wichtiger, das eigene Körpergefühl wieder zu finden und auf die uns innewohnende Intuition zu hören. Sie ist nur verschüttet, aber immer noch da.

Man kann definitiv sagen, dass es nicht nur mein Beruf, sondern auch mein Herzensthema ist, da ich als ehemals selber Betroffene genau weiss, wovon ich spreche und sehr ärgerlich darüber bin, wie hemmungslos die Diät-Industrie die Menschen in eine immer tiefere Verstrickung treibt! Und zwar aus Profitgründen und wider besseren Wissens!

Es ist überhaupt nichts Negatives daran, mit einem guten Produkt auch gutes Geld zu verdienen, aber die Gesundheit und das Glück anderer Menschen für den Profit aufs Spiel zu setzen, ist schon fast kriminell!

Zu gut erinnere ich mich noch an die Hoffnung, die jede neue Diät-Idee in mir auslöste. Voller Euphorie und Begeisterung machte ich mich an die Planung und den Einkauf der notwendigen Teile, mit einem Gefühl, dass in seiner Intensität schon fast an Verliebtheit erinnerte, denn ich war sicher am nächsten Montag (!) beginnt mein neues glückliches und schlankes Leben.

Und fast immer lief es gleich ab: in der ersten Zeit wurde ich noch von viel Zuversicht getragen und der Verzicht fiel nicht so schwer. Ich versuchte mich auszutricksen mit Bildern toller Körper an der Kühlschranktür, dem ständigen Durchblättern von Frauenzeitschriften und indem ich Allen von meinem Entschluss erzählte.

Danach wurde es immer mühseliger und ich bekam Heißhunger auf so ziemlich Alles, interessanterweise sogar auf Dinge, die ich vorher garnicht gerne mochte. Und nach dem ersten „Sündigen“ kam der Gedanke, dass es ja jetzt eigentlich auch egal ist und ich munter weiter „sündigen“ kann.

Nachdem die Diät dann vollends gescheitert war, kamen die Verzweiflung, die Wut und der Selbsthass - denn ich war mal wieder gescheitert und hielt mich für den undiszipliniertesten und unliebenswertesten Menschen der

Welt. Es war der Tod derselben Hoffnung, die mich am Anfang so glücklich gemacht hatte!

Diese Selbstanklage und die Wut und Verachtung für mich und meinen Körper, die durch das wiederholte Scheitern entstanden waren, trieben mich noch weiter in die Essstörung. Daraufhin redete ich mir sehr viele Gründe und Ausreden ein, warum ich nunmal übergewichtig sei und dass es ja auch eigentlich garnicht schlimm wäre. Mit selektiver Wahrnehmung sah ich sehr viele übergewichtige Leute jeden Tag und tröstete mich mit dem Gedanken, dass ich nicht die Einzige bin und es halt einfach so ist, dass ich gerne esse. Manchmal dachte ich sogar darüber nach, mich damit abzufinden und es zu akzeptieren, um endlich zur Ruhe zu kommen. Dabei verwechselte ich aber Akzeptanz mit Resignation, und das ist ein sehr grosser Unterschied. Resignation tut nicht gut, denn es beeinhaltet, dass man etwas nicht schafft!

Das Ganze ging dann solange seinen Gang, bis ich in einer Frauenzeitschrift oder im Büro von der allerneuesten Wunder-Diät hörte und der Teufelskreis von Hoffnung und Scheitern wieder begann.

Ich glaube, die skurillste Abnehm-Methode, die ich ausprobiert habe, beruhte auf der Idee, dass man ALLES essen kann, was man gerne mag, aber immer nur einen ganzen Tag lang dasselbe. Das heisst, ich habe mich an einem Tag nur von Tiramisu-Eis mit Sahne, und am nächsten Tag nur von Frikadellen ernährt. Und so weiter....!

Das fand ich super - zuerst jedenfalls! Und nach ca. 4 Tagen war es nicht mehr umzusetzen und ich brach ab! Es gab Versuche mit Tabletten, die als Nebenwirkung Herzrasen auslösten und mit widerlich schmeckenden

Shakes, die man seinem ärgsten Feind nicht anbieten würde.

Es gab die damals sehr populäre Majo-Kur mit unzähligen Eiern und die Atkins-Diät, die auf Kohlenhydrate, wie mein geliebtes Brot, verzichtete. Alles in Allem kann ich froh sein, dass ich so eine robuste Gesundheit hatte und das Alles ohne krank zu werden überstanden habe.

Es gibt natürlich auch Versuche, die länger gedauert haben und dann auch von einem gewissen Erfolg gekrönt waren. Zumindest für ein paar Wochen und Monate, danach wog ich mehr als zuvor. Und war verzweifelter denn je, denn ich fühlte mich irgendwie von einer fremden Macht in mir marionettenhaft bestimmt. Ich wünsche wirklich Niemandem diese jahrelange Quälerei, diesen Selbsthass und die stillschweigende Erkenntnis: Siehst Du, sie hatten alle recht, als sie sagten Du bist ein Loser, nicht liebenswert und schaffst es einfach nicht!!

Deshalb möchte ich meinen Teil dazu beitragen, dass in Zukunft mehr Menschen einen Weg zu ihrem Lieblingsgewicht und innerem Frieden finden! Und zwar dauerhaft und ohne sich selber dabei schlecht behandeln zu müssen bzw. wollen. Und ohne das schreckliche Gefühl irgendwie fremdbestimmt zu sein!

Du wirst in diesem Buch sicherlich einige ungewöhnliche Thesen und Übungen finden und ich hoffe von ganzem Herzen, dass Du Dich vertrauensvoll darauf einlässt! Es gibt keine Versprechen a la „30 Pfund in 30 Tagen“ oder „Schlank im Schlaf“, aber ich kann Dir versichern, dass Du ALLES essen kannst und sogar sollst, auf das Du wirklich Hunger hast. Du wirst auf Garnichts verzichten müssen, ausser auf in der Kindheit erlernte

Glaubenssätze und Angewohnheiten, die heute nicht mehr in Dein Leben passen!

Ich möchte nicht, dass Du mir glaubst, weil ich Dir eine ganz neue Super-Diät verspreche, sondern, weil Dir mein Weg sehr bekannt vorkommt und Du tief in Dir drin genau weisst, dass es die einzige Lösung ist um dauerhaft glücklich, zufrieden und voller Genuss leben zu können.

Es ist eigentlich so einfach, dass es einem schon wieder verdächtig vorkommt! Haben wir nicht gelernt, dass die guten Dinge im Leben nicht so einfach zu haben sind? Also, wie kann das sein und wo ist der Haken? Wir müssen selber denken und vor Allem Umdenken und völlig neue Gedanken und Gefühle zulassen - das ist für viele der Haken an der Sache.

Bisher war es so: Ich hab ein Problem und denke es nicht alleine hinzukriegen! Gott sei Dank kommt da eine Frauenzeitschrift oder ein Wissenschaftler daher, der mein Problem verstanden hat und mir eine Lösung anbietet - ich muss mich nur haargenau an seine Regeln halten. Ich muss **nicht** selber denken, ich kriege eine Liste oder Methode gezeigt, die mir genau sagt was ich essen soll und was nicht, in welchen Mengen, wann und wieviel. Hab ich Blutgruppe A esse ich dieses und bei Blutgruppe B jenes! Gut dass jemand auf die nagelneue Idee gekommen ist, dass ich mein ganzes Leben ahnungslos die falschen Sachen gegessen habe, nur weil noch keiner darauf kam, dass man bei verschiedenen Blutgruppen, Haarfarben oder was auch immer, speziell essen muss! Man muss quasi nur seinen Körper austricksen!

Das war natürlich Ironie, aber unterbewusst läuft es oft so ab! Aber nicht weil wir zu dumm oder gefrässig sind um es selber hinzubekommen, sondern weil wir es uns einfach nicht zutrauen. Wie haben jedes Vertrauen in unseren Umgang mit dem eigenen Körper verloren, bzw. haben es niemals erlernt. Wir vertrauen nicht unserem angeborenen Instinkt dafür, was der Körper braucht, sondern geben die Verantwortung an die Werbung und die Diät-Industrie ab, die uns suggeriert, dass nur sie und kein Anderer weiss, was für uns gut ist.

Warum sie das tut? Ganz klar, sie verdient europaweit jährlich ca. 93 Milliarden Euro damit!

Mir ist noch sehr wichtig, dass Du Deine bisherigen Probleme mit Deinem Körper und Deiner Figur als eine grosse Chance betrachtest, egal, wieviel Kummer es Dir bis dato gemacht hat und wieviel Geld Du ausgegeben hast um Deine Lieblingsfigur zu bekommen!

Die Essstörung ist eine perfekte Möglichkeit für uns, uns mit unseren alten tief verbuddelten Themen zu beschäftigen, denn sie ist ein Hilferuf und ein Wegweiser zugleich. Nehmen wir die Essstörung deshalb nicht als etwas Schreckliches oder als Feind wahr, sondern als Chance endlich das wirkliche Problem dahinter zu finden, zu bearbeiten und somit für immer frei und glücklich zu leben.

Andere mussten zur Erleuchtung nach Indien pilgern, wir bekommen die Antworten durch die Essstörung. Denn mit den richtigen Fragen und Übungen kommen wir den Ursprüngen des wirklichen Problems recht schnell auf den Grund!

Stell Dir einmal vor, Du hättest schon sehr sehr lange Zeit das Gefühl, dass Dein Leben schwer ist, einfach irgendwie schwer. Plötzlich liest Du dieses Buch und entdeckst durch meine Worte, Erfahrungen und Methoden, dass Du die ganze Zeit schon einen großen Rucksack mit Steinen auf dem Rücken trägst. Du hast ihn noch garnicht bemerkt, Du hast einfach nur das Gefühl gehabt: Es ist sooo schwer!

Jetzt öffnest Du den Rucksack und nimmst einen Stein nach dem Anderen heraus, schaust ihn Dir ganz in Ruhe an und legst ihn an den Straßenrand Deines Lebensweges, also dorthin, wo er liegenbleiben kann, während Du befreit weiter gehst. Die Steine haben Dir eine Weile irgendwie gedient, aber jetzt brauchst Du diese Gewichte nicht mehr, sie können zurückbleiben. Du hast Dir diesen Rucksack nicht selber gepackt, ja, Du wolltest ihn nicht einmal - Du hattest ja sogar vergessen, dass er da ist, so selbstverständlich war Dir sein/Dein Gewicht geworden. Wir packen ihn jetzt gemeinsam aus, damit Du leicht und befreit den Rest Deines Lebensweges beschreiten kannst.

♥

Meine erste Bitte an Dich ist, Dir möglichst eine Art Tagebuch anzuschaffen! Vielleicht magst Du Dir ein besonders schönes A5 Notizbuch mit einem hübschen Motiv kaufen und darin Alles aufschreiben, was Dir wichtig erscheint. Deine Übungen, Deine Erkenntnisse, Deine Fragen. Wichtig ist, dass man es sofort niederschreibt, sonst ist es verschwunden - und das wäre doch wirklich sehr schade! In Verbindung mit einem Tagebuch kannst Du dieses Buch als Arbeitsbuch verwenden. Schreibe soviel auf wie möglich.

Auch möchte ich Dich um Folgendes bitten: Lies dieses Buch bitte mindestens 2-mal. Vielleicht beim ersten Mal bis zum Ende durch und beim zweiten Mal unter Einbeziehung der Übungen.

♥

Ich habe lange Hin und Her überlegt und dann auf mein Herz gehört und mich für ein respektvolles **DU** entschieden, mit dem ich Dich hier anspreche. Ich finde es einfach persönlicher und hier geht es wirklich um sehr persönliche Themen und ich werde auch viele meiner persönlichen Erfahrungen hier einbringen!

Dieses Buch möchte Dir dabei helfen, dem wichtigsten Mensch in Deinem Leben zu begegnen! Dieser Mensch bist Du selber! Sei neugierig, ein wundervolles Abenteuer wartet auf Dich und ich darf Dich dabei begleiten! Vielen Dank!

♥ - lichst, Deine Beate

„Zwanghaftes Überessen ist ein Zeichen für eine magersüchtige Seele!"

(Beate Huppertz-Herrmann)

Kapitel 1

Was ist eine Diät und warum tun wir uns das an?

"Man soll dem Leib etwas Gutes bieten,

damit die Seele Lust hat, darin zu wohnen"

(Theresa von Avila, Mystikerin, 1515-1582)

Jeder hat sicherlich schon von Diäten gehört und die Meisten haben auch schon Eine oder Mehrere ausprobiert - aber irgendwie scheint es, als lägen noch immer eine Menge Missverständnisse zu diesem Thema vor. Ausserdem hat das Wort Diät inzwischen glücklicherweise einen eher negativen Touch bekommen, darum wird es immer öfter mit anderen Begriffen versehen oder als Veränderung der Ernährungsgewohnheiten getarnt.

Hier die Definition für eine Diät:

Es ist eine bestimmte Form von Ernährung und Verhalten,
die durch Reglementierung versucht,
von Aussen die Kontrolle darüber zu gewinnen,
was Du isst, wo Du isst, wann Du isst,

wieviel Du isst, ob Du Sport betreibst und wie oft Du das tust !

Durch wissenschaftliche Forschungen hat sich in den letzten Jahren herausgestellt, dass Diäten bei 97 % aller Menschen nicht zum gewünschten Ergebnis geführt haben.

Das ist auch logisch betrachtet sehr einleuchtend, denn eine Abmagerungskur ist nur ein zeitweises Unterdrücken der Gelüste, eine reglementierte Lebensweise, die unseren Bedürfnissen und unserem eigentlichen Denken nicht entspricht, darum kann es langfristig nicht durchgehalten werden. Es ist wie der Versuch dauerhaft einen Tennisball unter Wasser zu drücken - sobald die Kraft schwindet und man den Druck nicht mehr aufrecht erhält, ploppt der Ball wie ein Pfeil aus dem Wasser und fliegt uns um die Ohren.

Auch eine von Aussen reglementierte Ernährungsweise kostet soviel Kraft und wir können es nicht für immer aufrecht erhalten! Wer kann oder will schon für den Rest seines Lebens seine gesamte Energie dafür aufwenden einen Tennisball unter Wasser zu drücken, bzw. sich 24 Stunden pro Tag mit dem Thema Essen zu beschäftigen, sich selber kontrollieren und sich das Meiste dessen was man mag, zu verbieten?

Zusätzlich bastelt man damit nur am Symptom herum, ohne sich um die Ursache zu kümmern - das innere Loch, dass man mit dem Essen schliessen möchte. Daher wird das Symptom eine Zeitlang unterdrückt, ohne die Grundsituation zu verändern. Das ist gefährlich, denn dadurch werden die Probleme noch verstärkt und die Heilung wird verzögert.

Sehen wir das Symptom, den Fressanfall, doch als den Überbringer der Botschaft und freuen uns über sein Kommen, denn nur dadurch haben wir die Chance wirklich Alles zum Positiven zu verändern in unserem Leben! Ich weiss selber, dass sich das jetzt verrückt anhört, denn der Fressanfall ist für jeden Übergewichtigen oder Esssüchtigen ein Horror, weil er sich dann komplett ohnmächtig fühlt und danach vom schlechten Gewissen furchtbar geplagt wird. Eine Selbstgeisselung findet statt, an deren Ende sich der Teufelskreis oft wieder mit einem erneuten Fressanfall schliesst. (Zur sofortigen Beendigung einer Heisshungerattacke siehe Kapitel 17) Es reicht natürlich nicht aus, einen Fressanfall nur zu beenden, sondern das Wissen zu erlangen, dass es Mittel dagegen gibt, dass er uns etwas sagen möchte durch sein Erscheinen und dass wir es aushalten können. Wenn wir ihn nur Beenden, ohne den Grund dafür zu hinterfragen oder durch die Selbstbeobachtungstabelle ein System darin zu erkennen, ist es nur Verdrängung, keine Entwicklung.

Wenn wir dann eine Diät machen, ist es wie eine öffentliche entschuldigende Erklärung an die Menschheit: Ich weiss ich bin zu dick und es tut mir so leid. Ich war disziplinlos und verfressen und daher habe ich es nicht besser verdient, als mich jetzt zu kasteien. Seht her, ich leide für mich und für Euch, ich quäle mich als Widergutmachung für meine Sünden! Ich arbeite hart an meinen Unzulänglichkeiten, bitte habt mich wieder lieb! Ich büße dafür, dass ich bin wie ich bin!

Sich zu schämen, wird für uns zur Selbstverständlichkeit. Die Scham ist ein weitverbreitetes Übel, dass uns in einen Zustand der Lähmung versetzt! Es entsteht, weil wir „realisieren“, dass alle Recht hatten, die uns als wertlos und nicht liebenswert betitelt haben. Wir schämen uns, weil wir ihnen glauben und denken: Etwas stimmt nicht mit mir, so wie ich bin, bin ich nicht richtig. Diese Aussage ist uns meistens aus der Kindheit bekannt. Meistens waren wir zu frech, zu laut, zu leise, zu klein, zu groß usw., aber selten richtig so wie wir sind. Das gilt besonders für uns Frauen, denn in den letzten Generationen galt es nicht wirlich als wünschenswert ein Kind zu haben, das eine Art „Pippi Langstrumpf“ ist, es war eher peinlich für die Eltern, sie galten als Erziehungs-Versager! Dem cleveren, wilden, mutigen kleinen Mädchen wurde daher gesagt und gezeigt, dass es nicht richtig ist, so wie es ist! Es wurde genormt! Zur Norm gehörte natürlich auch, auf seine Figur zu achten und Diät zu halten - genussvolles Leben, Lieben und Essen wurde zum Feind.

Doch betrachten wir das Essen ist nicht als das eigentliche Problem, im Gegenteil, es zeigt uns den Weg zum wirklichen Hintergrund des aktuellen Lebenskampfes, denn jeder Essanfall ist ein Hilferuf unseres Herzens. Seien wir ihm dankbar, denn wenn es nicht das Essen wäre, wäre es irgendeine andere Sucht, wie z.B. Rauchen, Alkohol, Drogen, Spielsuch, Kaufsucht usw.

Da wir jahrelang nicht auf die Signale des Körpers und der Seele gehört haben, greifen diese jetzt zu immer drastischeren Mitteln um sich Gehör zu verschaffen.

Unser teils jahrzehntelanges Herumdoktern an den Symptomen unseres hungrigen Herzens, hat die Sache nur schlimmer gemacht, weil wir fast schon alle Hoffnung verloren haben.

Es fällt den meisten Menschen schwer, zu begreifen, dass die traurige Seele genauso konsequent behandelt werden muss, wie ein vereiterter Zahn. Auch da macht es die Sache nur schlimmer den Schmerz mit Tabletten zu unterdrücken, das Problem muss an der Wurzel behandelt werden oder der Zahn muss raus.

Wenn wir einen Gehirntumor hätten, würde es auch Nichts nutzen eine Kopfschmerztablette gegen das Symptom Kopfschmerz zu nehmen, genauso verhält es sich mit tiefen inneren Verletzungen!

Leider empfinden es noch zuviele als schwierig in solchen Dingen Hilfe zu erbitten, oder die Gefühle zu hinterfragen und zuzulassen. Zu sehr haben wir gelernt, dass Gewichtsprobleme, insbesondere bei Frauen etwas Normales sind. Ich bin auch damit aufgewachsen, dass die meisten Frauen in meiner Familie ständig „auf Diät waren“.

Eigentlich ist es ja ganz logisch: Eine Diät findet komplett auf der Verstandesebene und übermässiges Essen, Essen ohne Hunger, Fress-Attacken, also emotionales Essen finden auf der Gefühlsebene statt. Das sind 2 völlig unterschiedliche Ebenen, die man so nicht kombinieren kann. Man muss das emotionale Essen auf der Ebene der Gefühle bearbeiten, sonst funktioniert es nicht - kann nicht funktionieren!

Es ist eine in vielen Studien belegte Tatsache, dass der Grossteil der Menschen, die eine Abmagerungskur gemacht und damit Gewicht verloren haben, innerhalb von ca. 1 Jahr ihre Pfunde zurück hatten und meistens sogar noch mehr. Dieses Phänomen ist allgemein bekannt als der Jojo-Effekt. Dies ist ja nun doch inzwischen in der Öffentlichkeit bekannt geworden und hat zur Folge, dass nun in fast jedem neuen Diät-Buch oder Vorschlag die Methode als Ernährungsumstellung angepriesen wird und in der Einleitung schon steht:

Dies ist keine Abmagerungskur!

Aber: Alles, was uns in irgendeiner Weise vorschreibt, was, wann und wie es zubereitet und gegessen werden soll, ist eine lupenreine Diät bzw. Abmagerungskur!

Selbst einige Prominente sind sich nicht zu schade im Fernsehen zu behaupten, endlich ihre Gewichtsprobleme für immer besiegt zu haben, durch Trinken eines scheusslich schmeckenden Shakes, der zu Allem Überfluss auch noch zu 50 % aus Zucker besteht. Es werden Vorher-Nachher-Bilder gezeigt, um den Erfolg zu dokumentieren! Da niemand auf der Welt sich freiwillig für den Rest seines Lebens von einem solchen Getränk ernähren möchte, ist klar, dass auch der Prominente nur eine kurzfristige Gewichtsabnahme verzeichnet, keine Befreiung von seinem Gewichtsproblem! Und genau das weiss doch jeder von uns, der die angeblich geheilten Prominenten 1 Jahr später wieder sieht – mit mindestens demselben Kampfgewicht wie vor der Diät!

All das ist inzwischen hinlänglich bekannt - warum also schöpfen wir bei jeder neuen Diät-Versprechung wieder Hoffnung, dass es diesmal was ganz Anderes und somit zum Erfolg führendes sein wird?

Wir wollen es glauben, weil uns suggeriert wird, dass es keinen anderen Weg gibt, um Gewicht zu verlieren. Wer sind denn "die", die uns das einreden möchten? Da ist erstens die Diätindustrie mit ihren Einnahmen in Milliardenhöhe und auch die Pharmaindustrie ist nicht an unserer Gesundung interessiert, denn die Folgeerkrankungen von Essstörungen verschönern auch ihre Bilanzen sehr deutlich! Die Liste dieser Erkrankungen wird angeführt von Herz-Kreislauf-Krankheiten, Diabetes und Gelenk-Erkrankungen, aber sie lässt sich unendlich fortsetzen. Man kann sich denken, dass die Pharmaindustrie kein Interesse daran hat, dass sich da Etwas ändert. Auch Appetitzügler und (seit einigen Jahren) Tabletten, die das Fett im Körper binden und zur Ausscheidung bringen, lassen die Kassen der Pharmakonzerne heftig klingeln!

Ausserdem verbinden wir mit einer Diät und der erhofften Gewichtsabnahme sehr viele Dinge, die eigentlich überhaupt nichts damit zu tun haben. Wir glauben, wenn wir erst schlank sind, werden sich alle anderen Probleme in Luft auflösen und wir werden automatisch glücklich. Dadurch verschieben wir unser Glück in eine ferne Zukunft, von der wir nicht einmal wissen, wann und ob sie überhaupt eintreffen wird.

Beliebte Thesen sind:

Wenn ich erst schlank bin, dann...

... bin ich glücklich

...bin ich erfolgreich

...finde ich meinen Traum-Partner

...werde ich geliebt

...werde ich akzeptiert

... werde ich respektvoll behandelt , usw.....

Kommt Dir das irgendwie bekannt vor?

Jeder, der schon mal abgenommen hat müsste eigentlich wissen, dass all das nicht automatisch eintritt, wie sollte es auch? Es wurde ja nur der Zahn gebleached, der Eiter ist noch drin, um bei meinem Beispiel von eben zu bleiben!

Stell Dir bitte an dieser Stelle die Frage: Warum möchte ich schlank sein?

Und bitte lass nicht sofort Deinen Verstand losplappern mit den altbekannten Sprüchen, wie:

Ist doch logisch!

Was für eine Frage, jeder will schlank sein

Schlank ist schön

Schlank ist gesund

Schlanke Menschen passen in jeden Sessel

Schlanke Menschen bekommen schönere Kleidung

Und, und, und...

Egal welcher Grund im Vordergrund steht, bei näherem Hinsehen entpuppt er sich fast immer als der eine große Wunsch danach geliebt zu werden. Respektiert, geachtet und geliebt zu werden, ist ist als Wunsch so tief in allen Menschen verwurzelt, dass manch einer dafür sein Leben und seine Gesundheit aufs Spiel setzt. Wenn ich erst schlank bin, dann werde ich geliebt und von Allen respektiert, das ist die falsche Annahme, die sich in ganz vielen anderen Bereichen fortsetzt. Es könnte genauso heissen, wenn ich erst ein tolles Auto fahre, werde ich geliebt. Wenn ich einen tollen Job habe, werde ich geliebt.... usw. usw. Ich glaube, dass jeder von uns schon einmal oder mehrmals so gedacht hat, oder sogar in diesem Bestreben sein Glück, seine Gesundheit und seine Bedürfnisse vernachlässigt hat. Die Quintessenz aus all diesen Kämpfen um Schönheit, Reichtum und Ansehen ist aber diese:

Solange Du Dich nicht selber liebst und wertschätzt, wird es auch kein Anderer tun, egal wie schlank, reich und berühmt Du auch bist.

Nun gut, fragst Du jetzt sicher, aber wie geht es jetzt weiter ohne Diät? Sobald ich damit aufhöre, werde ich in kürzester Zeit unfassbar viel zunehmen!

Jetzt ist also unsere Selbstverantwortung gefragt, und genau das scheint ein schwieriger Punkt zu sein, denn manchmal ist es ja auch gemütlich, wenn ein Anderer die Verantwortung übernimmt, indem er sagt: "Komm Du Arme/r, ich nehm Dich an die Hand und zeige Dir die allerneuste Diät! Wenn Du nur brav machst, was ich sage, dann wird Alles gut. Am Besten Du überlässt das Denken einfach mir!"

Und wenn sich Alles so schön schlüssig anhört, wie z.B. dass man nur die zu seiner Augenfarbe passenden Nahrungsmittel essen muss, Schlank durch Schlafen werden kann oder statt Kalorien jetzt Punkte oder Glyx-Indexe beachtet, dann möchte man sich doch in die geöffneten Arme der Diät-Industrie oder diverser Gruppen fallen lassen! Wer sich selber und seinen Entscheidungen nicht (ver)traut, wird sich natürlich von dem abhängig machen, was Andere als richtig anprangern.

Für Alle, die dieses Märchen nicht mehr glauben möchten und schon viele Diäten, Ernährungsumstellungen und sportliche Exzesse durchlebt haben, ist es jetzt an der Zeit aufzuwachen aus dieser Massensuggestion.

Um Missverständnissen vorzubeugen möchte ich nochmal ganz klar sagen, dass eine Veränderung der Ernährung und Sport in Maßen sicherlich gut sind für das Erreichen des Wohlfühlgewichtes und auch für eine langfristige Gesundheit. Der wichtige Punkt bei dieser Angelegenheit ist, dass es aber überhaupt nichts bringt, wenn man es versucht mit dem Verstand und unter Zwang zu machen und nicht mit dem Herzen. Wenn Du Dich selber so sehr magst, dass Du den tiefen Wunsch in Dir hast den geliebten Körper schön und gesund zu erhalten, um dieses glückliche Leben lange geniessen zu können. Und da wollen wir hin - uns selber genug zu lieben, um uns nur noch Gutes zu tun.

Der Verstand weiss doch schon lange sehr genau, dass es natürlich gesünder ist eine Birne zu essen als einen Schokoriegel oder einen Salat statt einen Hamburger.

Aber seien wir ehrlich, hat es uns irgendetwas genutzt, das zu wissen? Wir wissen auch, dass es gesund ist 3x in der Woche Ausdauertrainig wie Laufen, Schwimmen oder Radfahren zu absolvieren!

Und nochmal die Frage: Hat uns dieses Wissen weitergebracht auf dem Weg zu einer langfristigen Lieblingsfigur? Nein, das hat es nicht! Auch das Herunterbeten können von Kalorientabellen lässt uns nicht abnehmen, jedenfalls nicht für längere Zeit. Weil all das auf der **Verstandesebene** gespeichert ist und unser emotionales Essen sich auf der **Gefühlsebene** befindet !

Wo genau steckt also der Fehler?

Der Fehler ist, um es nochmal deutlich zu sagen, der Gedanke, dass man es mit purer Willenskraft schaffen kann. Du kannst also noch so entschlossen sein, wenn tief in Dir drin eine Stimme der Meinung ist, dass Du kein liebenswerter Mensch bist und es somit nicht verdient hast gesund und schön zu sein, wird Nichts auf der Welt Dir langfristig eine gute Figur und einen gesunden Körper bescheren können.

Sobald wir aber durch die liebevolle Beschäftigung mit dem „Inneren Kind“ (siehe Kapitel 5) in uns zur Selbstliebe finden, uns umarmen und uns somit selber zu respektieren und zu lieben beginnen, werden wir schon aus Liebe zu uns NIE mehr den Wunsch haben uns mit ungesunden Dingen vollzustopfen oder übergewichtig auf der Couch zu liegen und mit dem Hinweis auf „Sport ist Mord“ unserem Körper das Positiv-Gefühl der Bewegung und der frischen Luft zu verwehren.

Es ist ein Riesenunterschied ob man etwas aus Liebe zu sich selber tut, oder weil Andere es für das Richtige halten!!

Jeder Mensch hat in sich den angeborenen Wunsch nach Bewegung und einem gesunden Körper!

Der römische Dichter Juvenal schrieb den berühmten Satz:

Mens sana in corpore sano, was heisst: In einem gesunden Körper steckt ein gesunder Geist!

Ich würde das eher andersherum formulieren:

**Wenn die Seele gesundet ist,
tut es auch der Körper!**

Das gilt natürlich nicht nur für ungesundes Essen! Auch das Rauchen wird man sich auf diese Weise problemlos abgewöhnen und natürlich auch exzessiver Alkoholkonsum ist eine Sucht, die sehr viel mit Betäubung von Problemen, mangelnder Selbstliebe und zuwenig Selbstvertrauen zu tun hat! Sowohl in Zigaretten als auch in hohen Mengen Alkohol ist Gift enthalten(man merkt das ziemlich deutlich an Tagen, wo man zuviel davon konsumiert hat)! Mit genug Selbstliebe ist es dann kein

Kampf und kein Verzicht, sondern ein Widerwillen dagegen sich selber so zu schaden, der aus unserem tiefsten Inneren kommt.

Denn eines ist sonnenklar: Wer sich selber liebt, respektiert und wertschätzt, wird seinen Körper, dieses Wunderwerk der Natur, nicht so behandeln, dass es ihm schlecht geht und er krank wird!

Ist es nicht ein wundervoller Gedanke, dem Körper, der sich bisher soviel hat gefallen lassen einmal Dank zu sagen und ihn nicht nur äusserlich mit Cremes und Haarkuren zu verwöhnen, sondern auch innerlich? Genau das wird Dein tiefer Wunsch sein, wenn Du Dich selber schätzen gelernt hast.

Es wird keiner Diät und keiner Willenskraft und Disziplin bedürfen, auf seine Hungergefühle und die Zeichen des Körpers zu hören, es wird so selbstverständlich und völlig natürlich sein, wie das Atmen! Und zwar für IMMER! Wie fühlt sich dieser Gedanke für Dich an? Schön und friedlich, nicht wahr?

Es mag sich abgedroschen anhören, aber der alte Satz stimmt wirklich:

Wahre Schönheit kommt von Innen!

Oder wie eine Jahrtausende alte babylonische Smaragdtafel schon wusste:

Wie Innen, so Aussen!

Der grosse Bildhauer Michelangelo wurde mal gefragt, wie er es schaffe aus einem groben Stein so wunderschöne Figuren zu meisseln! Er sagte darauf: Ich sehe einen Engel vor mir und entferne einfach alles Überflüssige drumherum!

Genauso funktioniert es auch bei Dir. Wenn Du das wundervolle ICH in Dir entdeckt hast, wird Dein Äusseres dem folgen.

Du kannst jetzt schon darauf freuen, wenn Du Deine Lieblingsfigur hast, aber vergiss nicht, es wird der gleiche Körper sein und der möchte jetzt schon geliebt werden, so wie er ist. Vielleicht hilft es Dir ja, wenn Du in Dir drin schon Dein „Schlankes Ich“ siehst.

Es funktioniert nicht mit dem Gedanken: „ich liebe meinen Körper erst wenn er schlank ist“ sondern „ich werde erst schlank, wenn ich meinen Körper liebe“!

Das wäre ja als wenn ein Bauer zu seinem unbearbeiteten Boden sagt: Zeig mal erst, was Du an wunderbaren Früchten hervorbringen kannst, dann kriegst Du im nächsten Jahr auch schöne Samen, Dünger und Wasser von mir! So funktioniert es natürlich nicht!

Du musst in „ Vorleistung“ gehen. Mit Liebe, Respekt, Dankbarkeit und Achtsamkeit ! Dein Körper und Dein Herz werden es Dir tausendfach zurückgeben und danken!

Vor einiger Zeit sagte mir eine Bekannte, dass sie jetzt endlich den richtigen Weg zur Traumfigur gefunden hätte, es sei eine Methode, bei der man in der Nacht, während man schläft abnehmen wird. So ähnlich lautet auch der Name des Programmes. Nachdem sie mir ausführlich erklärt hatte, wie das funktionieren solle, nämlich morgens bis zu 4 Brötchen mit Marmelade oder Nutella etc. und abends keine Kohlenhydrate, sondern Eiweiss (eventuell als Eiweissshake), war mir sofort klar, dass auch das eine versteckte Diät ist, denn was mach ich denn, wenn ich morgens Hunger auf was Deftiges habe oder abends gerne ein Pizzabrötchen oder ein Vollkornbrot essen möchte? Also muss ich mich doch auch hier an eine Reglementierung halten, die nicht auf meinen körpereigenen Bedürfnissen beruht.

Diese Bedürfnisse können die meisten heute garnicht mehr fühlen, denn sie sind überwachsen mit angelernten „Weisheiten" unseres Verstandes und falschen Gewohnheiten. Ich bin mit vielen eingefahrenen Essensregeln erzogen worden, ganz deutlich dabei war das Essen zu absolut festgelegten Uhrzeiten. Es gab bei uns um Punkt 12 Uhr Mittagessen, man hätte die Uhr danach stellen können. Das war unabhängig davon, ob jemand Hunger hatte – es musste jetzt gegessen werden, denn bis zum Kaffee oder Abendbrot gab es nichts mehr! Also aß ich quasi auf Vorrat! Und schon im Babyalter war es lange Zeit sehr populär die Kleinen nach der Uhr zu füttern um sie an einen regelmässigen Rhythmus zu gewöhnen. Gott sei Dank ist wenigstens das heute nicht mehr der Fall!

Eine sensationelle Studie der Kinderärztin Clara Davies aus den 1920er und 1930er Jahren mit dem Titel „Self-Selection of diet for young children **- also die selbständige Auswahl von Nahrung durch Kleinkinder**", hat eindeutig gezeigt, dass wir ohne falsche Essenserziehung sehr genau und von frühester Kindheit an sehr genau wissen, wann wir Hunger haben und was für uns gut und richtig ist. Bei der Studie ging es darum, ob Kleinkinder instinktiv in der Lage sind sich gesund zu ernähren.

Clara Davis hatte insgesamt 15 Waisenkinder im Alter zwischen sechs und 11 Monaten ausgewählt, die zuvor noch nie Lebensmittel "für Erwachsene" gegessen hatten. In diesem Alter hatten sie keinerlei Vorurteile ge-

genüber Lebensmitteln, keine Erfahrungen und wurden auch nicht von Erwachsenen dahingehend beeinflusst. So konnte man einflussfrei beobachten wie Kinder sich ernähren wenn ihnen die freie Wahl gelassen wird. Bis zu sechs Jahre lang wurden diese Kinder beobachtet wie sie sich selbst ernährten.
Den Kinder wurde täglich eine Anzahl verschiedenster Lebensmittel, die sowohl tierisch als auch pflanzlicher Natur waren, angeboten. Sie enthielten Alles was man für gesund hielt, Fette, Kohlenhydrate, Vitamine, Mineralien und Aminosäuren.
Es waren nur frische, nicht verarbeitete Lebensmittel, die keinen zusätzlichen Zucker enthielten und sie waren teils roh und teils gekocht.

Folgende Lebensmittel standen zum Beispiel auf dem täglichen Speiseplan: Wasser, Milch, Äpfel, Bananen, Orangensaft, Ananas, Pfirsiche, Rüben, Tomaten, Karotten, Erbsen, Kohlrabi, Blumenkohl, Kohl, Spinat, Kartoffeln, Kopfsalat, Haferflocken, Weizen, Getreide, Gerste, Roggen, Lamm, Knochenmark, Rind, Hühnchen, Kalbsbries, Leber, Nieren, Fisch.

Wenn die Kinder auf ein Lebensmittel zeigten und den Mund öffneten, wurde es Ihnen gereicht. Später haben sich die Kinder selbst bedient. Dabei gab niemand einen Kommentar ab oder zeigte sonst eine Reaktion auf die getroffene Auswahl, die Kinder wurden nicht vom Essen abgelenkt. Das Tablett wurde erst abgeräumt wenn das Kind sicher aufgehört hatte zu essen (nach ca. 20-25 Minuten).

Die Kinder wurden auch nicht dahingehend beeinflusst, was „üblicherweise“ zu welcher Tageszeit gegessen werden sollte, also zum Beispiel aßen sie auch extrem ungewöhnliche Kombinationen oder Gemüse, Salat und Fleisch zur Frühstückszeit!

Besonders interesannt ist die Tatsache, dass die Kinder im Falle von Infektionen oder Krankheiten ihre Ernährung selbstständig anpassten. Einem der Kinder, dass unter Rachitis litt, wurde als weiteres Lebensmittel Lebertran angeboten, was er während der Erkrankung dann auswählte, aber nach seiner Genesung nie wieder zu sich nahm!

Das Ergebnis veröffentlichte Clara Davis 1939 und es hatte folgende Resultate:

Keines der Kinder wählte spontan eine Ernährung mit großen Mengen an Getreide oder Milchprodukten , entgegen der (noch heute gültigen) Lehrmeinung der Ernährungswissenschaft (Ernährungspyramide).

Keines der Kinder wurde während der Dauer der Studie über- oder untergewichtig.

Alle Kinder entwickelten ein röntgenologisch nachgewiesen hervorragend kalzifiziertes Skelett und eine gute Muskulatur.
Es etablierten sich nach kurzer Zeit Präferenzen, die für jedes Kind unterschiedlich waren und die auch mit der Zeit unvorhersehbar variierten (etwa Bevorzugung von rohem Rindfleisch während einer Infektionskrankheit (Pfeiffer'sches Drüsenfieber).

Gewöhnen wir uns also wieder an, unserem Körper zu vertrauen! Er hat das natürliche Wissen und die Mittel das Beste für uns auszuwählen. Einige kennen diesen Instinkt auch aus der Schwangerschaft! Dann lässt der Körper sich nicht mehr reinreden und zeigt uns, im Inte-

resse des werdenden Lebens, was er benötigt! Das kommt uns dann manchmal seltsam vor, vor Allem die Kombinationen, aber es liegt nur daran, dass es ungewohnt für uns ist. Es entspricht nicht den Normen, die wir erlernt haben!
Aber wir müssen nur mal über die Grenzen schauen, um zu sehen, dass es nicht die Gene sind, die von uns verlangen Brötchen mit etwas Süssen zum Frühstück zu essen, denn sonst würden die Briten sicher nicht Bohnen mit Würstchen um die gleiche Zeit essen und die Franzosen und Italiener nur einen Cafe trinken! Alles nur anerzogen und vorgelebt, nicht in Stein gemeisselt!

„Zuerst bestimmen wir unsere Gewohnheiten und dann bestimmen unsere Gewohnheiten uns!"

(John Dryden, engl. Poet, 17. Jahrhundert)

Kapitel 2

Emotionales Essen

„Dein Körper ist nicht Dein Feind! Er trägt nur schon lange geduldig und sichtbar das Gewicht, das unsichtbar auf Deinem Herzen liegt."

(Beate Huppertz-Herrmann)

Emotionales Essen ist für viele Menschen eine Möglichkeit auf Abstand zu gehen von unschönen Gedanken und Situationen. Es ist wie eine seelische Magersucht, mit der wir versuchen durch Essen den Schmerz zu betäuben, die Gegenwart zu verschönern oder der Einsamkeit und Langeweile zu entfliehen. Das Problem ist nur, dass emotionales Essen niemals satt machen kann, da kein Hunger nach Essen, sondern Hunger nach emotionaler Erfüllung, Liebe und Glück der Ursprung ist. Bearbeite den Hunger auf dem Level, auf dem er passiert und nimm Dir die Zeit herauszufinden, wonach Du wirklich hungerst!

Das schmerzliche Gefühl, dass dem Essanfall zugrunde liegt (Einsamkeit, Wut, Trauer) ist nur der Bote, der an Deine Tür klopft um eine Botschaft zu überbringen. Wenn er durch Essen, Alkohol oder sonstige Süchte übertüncht wird, wird er daran gehindert seine Botschaft abzuliefern. Da er ein sehr ausdauernder und zuverlässiger Bote ist, wird er aber erst dann Ruhe geben, wenn er seine Arbeit verrichtet hat. Das bedeutet, wenn Du das schmerzliche Gefühl (Bote) zulassen und ihm zuhören würdest, dann kann es gehen! Du bist also kein hilfloses Opfer Deiner Gefühlswelt, sondern kannst aktiv am guten Umgang mit negativen Gefühlen arbeiten und sie somit für immer gehen lassen.

Viele von uns kennen wahrscheinlich den Teufelskreis, in den man sehr schnell geraten kann: Wir haben ein Problem wie Stress, Überforderung, Ärger in der Beziehung oder der Arbeit usw. und aus alter Gewohnheit wird darauf mit Essen reagiert - mit Essen ohne Hunger zu haben und mit Essen, ohne damit aufhören zu können. Daraufhin kommt das schlechte Gewissen und die Scham! Und das wiederum macht uns wieder ein schlechtes Gefühl auf dass wir mit, na was wohl, reagieren? Natürlich mit mehr Essen!

Wie kommt es dazu? Was geht da im Körper eigentlich vor?

Sobald wir gestresst sind oder negative Gefühle haben, fangen wir an nach dem sogenannten „Comfort-Food“, dem „Trost-Essen“ zu suchen. All die negativen Gefühle wie Angst, Überforderung, Wut und auch der krampfhafte Wunsch nach Gewichtsverlust haben negative Auswirkungen auf den Körper. Sobald Du auch nur darüber nachdenkst, wird innerhalb von Sekunden die Amigdala aktiviert, die Deinem Körper befiehlt bestimmte Hormone freizusetzen. Sofort wird Dein Körper mit Adrenalin und dem Stresshormon Cortisol geflutet, der den Teil des Gehirns lähmlegt, der für kreative Problemlösungen zuständig ist, was zu zwei großen Problemen, für jeden der abnehmen möchte, führt:

1. Es verlangsamt die Verdauung, was nicht förderlich für eine Gewichtsabnahme ist.

2. Es schnürt die Blutgefäße zusammen, verringert die Blutzufuhr des Gehirns und somit Dein Denken und Deine Reaktionsfähigkeit auf Situationen.

Diese beiden Dinge bedeuten, dass Du falsche Entscheidungen bezüglich Essen, die Unterbrechung von Ess-Anfällen und Sportgewohnheiten triffst. Wenn Du im Stress bist und Dich auf halbem Weg zur Süßigkeiten-Schublade befindest, dann fragst Du Dich: Was tue ich da? Du bemerkst, dass Du die mentale Kontrolle über Dein Handeln verloren hast! Der Stress hat Deinen Körper übernommen und blockiert Deine Fähigkeit klar zu denken und gute Entscheidungen zu treffen.

Essen, das wir in dieser Phase zu uns nehmen, ist keineswegs hilfreich, auch wenn es erstmal so scheint. Wir neigen dann dazu von zuckerhaltigen Kohlenhydraten angezogen zu werden. Kohlenhydratreiche Nahrung steigert die Konzentration der Aminosäure Tryptophan im Gehirn, welche ein wichtiger Baustein für Serotonin ist. Serotonin ist ein Neurotransmitter, der bei seiner Freisetzung Gefühle wie Ruhe, Glück, Frieden und Befriedigung hervorruft. Wir überessen uns damit, weil unser Gehirn auf der Suche nach Freude und Wohlbefinden ist. Essen dient in diesem Moment nur dem einen Zweck: Es macht uns gute Gefühle und lässt uns die Sorgen vergessen - bis die Nebenwirkungen einsetzen.

Kurz nach diesem Zuckerrausch sinkt der Insulinspiegel und Du fühlst Dich erschöpft und ausgebrannt, was wiederum dazu führt, nach mehr zuckerhaltigen Kohlehydraten zu gieren, um wieder den „Zucker-High-Zustand“ zu erreichen, wiederum ein Teufelskreis.

Es ist wirklich kein Wunder, dass soviele Menschen daran scheitern, Gewicht zu verlieren, denn Sie haben einen chronischen Stresspegel, der bei einer Diät ins

Unermeßliche steigt, da dann komplett auf die „Trost-Lebensmittel“ verzichtet wird, und zwar ohne eine Hilfestellung zur richtigen Problemlösung.

Wenn Du eine Diät machst, schaffst Du es manchmal eine Zeit lang diese biologischen Hemmer mit viel Willenskraft und starkem Zwang zu bekämpfen und Gewicht zu verlieren. Dieser Kampf lässt sich für eine gewisse Zeit führen, aber wenn Du dann ein paar Pfund verloren hast und Dich ein bisschen entspannen möchtest, wird die Willenskraft immer weniger und das Übergewicht kehrt zurück, oft mehr als zuvor. Niemand kann auf die Dauer soviel Willenskraft aufbringen und ständig kämpfen - und das wäre auch kein glückliches und entspanntes Leben!!!

Es ist also gleichtgültig, wieviele Diäten Du ausprobiest oder Dich zum Sport zwingst, wenn Du voller Stress und negativer Gefühle bist, wirst Du beim Abnehmen scheitern. Denn Stress und negative Gefühle senken auch die Aufnahme von Nährstoffen im Körper, was bedeutet das selbst gesundes Essen nicht gut verwertet wird. Auch fördert Stress die Salz-Speicherung des Körpers, was zu Auf-Blähungen führt, hat Einfluß auf Dein Cholesterin, das Immunsystem, das endokrine System und das Nervensystem. In Kapitel 17 stelle ich Dir eine Methode vor, die auf Akupunktur und Akupressur basiert und in kürzester Zeit Stress und Heisshungerattacken auflösen kann. Es beruhigt die Amigdala und stoppt die Reaktionen des Körpers, die eine Gewichtsabnahme verhindern.

Ausserdem ist diese alte Gewohnheit des Tröstens durch Süßes natürlich auch ein Relikt unserer Kindheit. Es war leider an der Tagesordnung, Kinder mit Süssigkeiten zu trösten und ich bin mir recht sicher, dass es auch heute noch eine gebräuchliche Praxis ist!

Doch auch das Gegenteil ist fatal - wenn es nämlich als Bestrafung dient, Süssigkeiten zu entziehen! Dadurch bekommen sie eine komplett falsche Wertigkeit!

Die Folgen sind tiefgreifend: Für die Kinder wird Süßes dann gleichbedeutend mit elterlicher Liebe und Zuwendung. Dieser Prozess wirkt auch noch im Erwachsenenalter, dann schenkt man sich selbst die Süßigkeiten und stellt damit vermeintlich das Gefühl des Geliebtseins wieder her.

Zucker ersetzt manchmal Liebe!!!

Da spielt auch die Psychologie der Selbstbelohnung eine grosse Rolle. Süßes und Fettiges (in der Kombination also zum Beispiel Schokolade) sind in der Lage, das Belohnungssystem im menschlichen Gehirn zu aktivieren. Davon abgesehen eignet sich aber auch jedes andere Essen dazu, damit unsere negativen Gefühle zu überdecken. Loswerden können wir sie allerdings nicht, sie sind nach wie vor vorhanden und tun in der Zwischenzeit ein zerstörerisches Werk in unserem Körper und auch in unserer Seele.

Wir lernten also schon sehr früh, dass Essen, vor Allem stark zuckerhaltiges Essen, eine adäquate Reaktion auf Schmerz, Sorgen und Probleme ist. Nicht zuletzt unsere Eltern gaben uns als kleine Babies Essen als Reaktion auf unser Schreien. Zur damaligen Zeit war es gängig, auf das Schreien nicht mit Liebe und Zuwendung, sondern mit Flasche oder Brust zu reagieren, egal was für ein Bedürfnis dem Schreien zugrunde lag. Ob das Baby sich unwohl fühlte oder Aufmerksamkeit wollte, es wurde erstmal gefüttert. Das passierte sicher nicht aus Bösartigkeit, sondern aus Unwissenheit. Ich habe vor Kurzem ein Interview mit einem Ehepaar gesehen, dass ein Kind aus Kenia adoptiert hat und sie erzählten, dass sie in der Kennenlernzeit im dortigen Kinderheim von der Leitung gezwungen wurden, auf jedes Zeichen des Babies, aus welchem Anlass auch immer, mit Nahrung zu antworten. Also ist diese Handhabe wohl immer noch irgendwo populär.

Es ist eine Konditionierung, die man sich auch wieder abgewöhnen kann, man muss es nur tun - es ist ein Lernprozess, der sicher nicht immer von heute auf morgen klappt, aber sehr grosse Erfolgsaussichten hat. Schließlich haben wir es uns jahrelang angewöhnt, solange braucht es aber zum Glück nicht zur Heilung! Bei täglicher Beschäftigung und Übung ist es möglich, eine Gewohnheit in 30 Tagen zu ändern, indem man eine neue, positivere im Gehirn etabliert.

Ein gutes und sehr bekanntes Beispiel für gelungene Konditionierung ist das Experiment des russischen Mediziners und Physiologen Iwan Pawlow mit einem Hund, der als der „Pawlowsche Hund" in die Geschichte einging. Bei diesem wurde die Gabe von Futter immer mit einem Glockenton verbunden. Nach mehreren Wiederholungen war schon allein auf den Glockenton hin ein Speichelfluss des Hundes zu beobachten, auch wenn keine Fütterung erfolgte.

Das bedeutet, dass man einen Reiz oder ein Gefühl mit einer Reaktion koppeln kann, in diesem Fall ist der Reiz die Glocke und die Reaktion ist Esslust!

Dasselbe funktioniert natürlich auch bei uns Menschen und oft ist das Gefühl der Trauer und des Schmerzes die Glocke, die uns das kommende Essen ankündigt! Und schon sind wir der festen Überzeugung dringend etwas essen zu müssen, und zwar nicht aus Hunger, sondern als Reaktion auf die Glocke (Traurigkeit, Stress, Enttäuschung, Ärger im Beruf, Ärger mit dem Partner oder anderen Menschen).

Die gute Nachricht dabei ist, dass man diese Konditionierung auch rückgängig machen kann oder mit einer anderen Reaktion koppeln kann. Eine wunderbare Verbindung wäre z.B. wenn auf eine schwierige Situation eine Umarmung und ein Gespräch folgen würde. Aber da man dabei ja von einer 2. Person abhängig ist, wäre es sinnvoller, sich eine ganz spezifisch auf sich selbst zugeschnittene Reaktion zu überlegen! Ein Spaziergang in der Natur zum Beispiel, oder ein schönes Bad mit Kerzenlicht, eine schöne Meditation oder Atemtechnik!

Wie wäre es, die Macht der Gewohnheit einfach FÜR uns arbeiten zu lassen, statt gegen uns! Durch das Angewöhnen von Übungen, Affirmationen und den goldenen Regeln (Kapitel 3), machen wir die Gewohnheit zu unserem Verbündeten auf dem Weg zu einem wunderbaren Leben, frei von Zwängen und Kampf!

Zusätzlich zur Konditionierung kommt noch folgender Aspekt dazu, der uns gerne zum Essen greifen lässt in schwierigen Situationen:

Essen ist nämlich auf den ersten Blick betrachtet ein sehr angenehmer Tröster und auch „Partner“, denn:

- Essen stellt keine unangenehmen Fragen
- Essen ist immer da, wenn man es braucht
- Essen ist niemals gemein zu uns
- Essen kommt nicht zu spät nach Hause
- Essen schlägt oder beschimpft uns nicht
- Essen missachtet uns nicht
- Essen betrügt uns nicht
- Essen enttäuscht uns nicht

Wir haben dadurch das Gefühl, dass Essen Liebe ist und wollen soviel wie möglich davon in uns aufnehmen, am Besten ohne Ende!

Aber durch das jahrelange Abtrainieren des natürlichen Umgangs mit Lebensmitteln und unserem Hungergefühl durch Diäten ist es schwierig geworden in sich hineinzuhorchen und zu hören, was der Körper zu uns sagt!

Wenn wir verlernt haben auf unsere Körpersignale zu hören, fühlt sich emotionaler Hunger und körperlicher Hunger fast gleich an.

Die eindeutigen Zeichen für emotionales Essen sind

- Essen ohne Hunger zu haben

- Nicht mit dem Essen aufhören zu können, trotz eines Sättigungsgefühl im Magen

- Essanfälle

Eines der Unterscheidungsmerkmal ist die Plötzlichkeit, mit der emotionaler Hunger auftritt. Man bemerkt auf einmal ein fast verzweifeltes Verlangen nach einem bestimmten Essen oder überhaupt auf irgendein Nahrungsmittel.

Der körperliche Hunger nimmt langsam zu, bis hin zu Schwäche und Gereiztheit.

Manchmal bermerkt man auch erst nach dem Essen, dass es sich um emotionalen Hunger gehandelt hat. Man fühlt sich vollgestopft und als Versager. Mit keiner Essensmenge der Welt ist emotionaler Hunger zu stillen! Wenn Du allerdings die Ursache dafür herausfinden kannst, wird er nicht so schnell wiederkommen. Auf der Homepage zum Buch findest Du eine Tabelle zur Selbstbeobachtung Deiner Essgewohnheiten und den damit zusammenhängenden Situationen, als PDF zum Herunterladen! Ausserdem ist es manchmal hilfreich, bei einem Heisshungeranfall das Essen vor sich hin zu stellen und erstmal nicht zu essen! Das kann eine Chipstüte, Schokolade usw. sein. Bitte fühl mal genau in Dich hinein, was für ein Gefühl dann in Dir entsteht. Ist es:

- Wut: Ich lass mir nichts vorschreiben, ich hab mir das verdient!

- Trotz: Ihr könnt mich alle mal, ich mach was ich will!

- Traurigkeit: Nie bekomme ich genug, die Anderen haben viel mehr!

- Schmerz: Es tut so weh, ich will es betäuben! Und zwar sofort!

- Angst: Ich muss das jetzt haben, wer weiss wann ich es wieder bekomme! Ich ess es schnell auf, bevor es ein Anderer nimmt!

Und dann überlege bitte, ob Dich dieser Gedanke und dieses Gefühl an eine Situation aus Deiner Kindheit oder Deinem bisherigen Leben erinnert. Gab es vielleicht **nicht genug** Liebe und Zuwendung von Deinen Eltern, oder **nicht genug** Anerkennung? War das Leben bisher ein Kampf für Dich und Du meinst nehmen zu müssen was Du kriegen kannst, vielleicht auch ohne vorher darüber nachzudenken, ob Du es überhaupt brauchst und willst? Was passierte als Du traurig warst in Deiner Kindheit? Wie reagierte man darauf? Hast Du gelernt die

Traurigkeit zu überdecken mit Schokosauce oder Zuckerguss?

In dem Moment, in dem Du Nahrung zu Dir nimmst ohne hungrig zu sein, sagst Du: Ich habe keine andere Wahl, als mich zu betäuben!

Die entscheidende Frage in Momenten, in denen man unbedingt essen möchte ist:

Möchte ich mich lediglich besser fühlen, oder habe ich tatsächlich Hunger?

Nimm Dir einen Moment Zeit und schließe Deine Augen, atme tief ein und aus und stelle Dir die Frage, warum Du jetzt essen möchtest! Vielleicht steht Dir ja eigentlich der Sinn nach etwas Anderem als dem Essen, vielleicht hast Du das Bedürfnis nach Nähe, einer Umarmung, einem Spaziergang am Meer usw. Tu genau das, was Du wirklich tun möchtest und wenn es sich nicht sofort verwirklichen lässt, dann tue etwas, was zur Verwirklichung beiträgt. Wenn Du nicht am Meer wohnst, könntest Du überlegen und planen, wann und wie Du es realisieren kannst, und wenn es nur für einen Tag ist. Wichtig ist, an der Realisierung zu arbeiten, statt zu essen.

Solltest Du tatsächlich Hunger haben, dann überlege Dir ganz genau, was Du essen möchtest. Denke ohne Grenzen und Einschränkungen! Nimm nicht das, was zufällig noch im Haus ist, oder was der Tageszeit entspricht, sondern exakt das, worauf Du Lust hast. Wenn Du um 18 Uhr Lust auf ein Stück Kuchen hast, dann iss ein Stück Kuchen und nicht ein Butterbrot, nur weil „man" zum Abendessen keinen Kuchen isst! Wer ist überhaupt dieser „man", der das zu bestimmen hat?

Sobald Du Dich entscheidest nur noch das zu essen, was Du wirklich möchtest, wirst Du immer weniger essen. Du musst ja keine Angst haben es nicht mehr zu bekommen, denn wenn Du wieder Hunger auf das hast was Du gerne möchtest, dann kannst du es ja wieder haben. Nur das, was man wirklich möchte kann auch ein befriedigendes Gefühl verschaffen, alles Andere ist nur ein Ersatz. Und es ist ein Akt der Wertschätzung und Selbstliebe, Dir das zu gönnen, worauf Du wirklich Lust hast.

Das Grundgefühl aller Probleme ist in fast allen Fällen mangelnde Selbstliebe, durch die die meisten anderen auftretenden Gefühle bedingt sind, wie Angst, Schmerz, Trauer, Wut, Einsamkeit, Verlassensängste usw. (Mehr zum Thema Selbstliebe in Kapitel 12!)

Wir haben Angst, uns mit unseren wirklichen Bedürfnissen oder der wahren Ursache des Schmerzes auseinanderzusetzen, weil wir denken, dass wir es nicht wert sind oder es uns umbringen wird. Wenn wir den gesamten Tag damit verbringen über das Thema Essen nachzudenken, haben wir keinen Platz für schmerzhafte Erinnerungen und die Auseinandersetzung damit. Das ist ein Abwehrmechanismus den wir in der Kindheit entwickelt haben, da war er auch sinnvoll, denn Babies und Kleinkinder sind abhängige Geschöpfe.

Das bedeutet einerseits, dass wir abhängig davon sind gepflegt und gefüttert zu werden, aber interessanterweise auch genauso stark von liebevoller Zuwendung.

Interessant in diesem Zusammenhang ist ein Experiment, dass allerdings als unmenschlich zu bezeichnen ist. Friedrich der Zweite wollte wissen, welche Sprache den Kindern angeboren ist. Um die Babies nicht zu beeinflussen wurden Ammen beauftragt die Kinder mit dem Nötigsten zu versorgen: Nahrung, Kleidung, frische Windeln, ihnen allerdings keinerlei Aufmerksamkeit,

Zuneigung und Sprache zukommen zu lassen. Die Kinder starben alle, keines hat sich nur annähernd gut entwickelt. Das Einzige das dieser schreckliche Test zeigte, war das Babies und auch Erwachsene ohne Zuwendung und Liebe nicht überleben können. Es ist ein wenig vergleichbar mit den Zuständen in osteuropäischen Kinderheimen. Die Kinder bekommen die nötigste Grundversorgung und sitzen ansonsten teilweise den ganzen Tag unbeachtet und allein in Gitterbetten herum. Sie fangen an zu schaukeln oder mit dem Kopf hin- und herzuwackeln. Man nennt diese Krankheit Hospitalismus.

Heute sind wir längst erwachsen und nicht mehr abhängig, aber die Angst und der Mechanismus aus der Kindheit hat immer noch Bestand.

Solange ich denke, dass ich so verletzbar bin, dass seelischer Schmerz mich immer noch vernichten kann, fliehe ich vor ihm, statt mich zu stellen. Dadurch entsteht eine neue Angst, die Angst vor dem Schmerz. Ich lasse nichts mehr an mich heran und betäube mich mit Essen! Wahlweise auch mit Alkohol, Sex, Internetsucht, Tabletten usw.

Wir erzeugen selber dass Ess- und Übergewichtsproblem, um uns nicht mit dem unbekannten angsteinflössenden wirklichen Problem auseinandersetzen zu müssen. Das Essproblem ist ein vertrautes, kalkulierbares Problem und selbst wenn es Leid und unangenehme Nebenwirkungen verursacht, ist es uns immer noch lieber als die Beschäftigung mit der Ursache und das Zulassen des Unbekannten. Manchmal entscheiden wir uns für das Vertraute, auch wenn es noch so schmerzhaft ist, da es uns bekannt ist und eine gewisse Sicherheit vermittelt.

Aber sobald wir den Mut fassen hinzusehen, werden wir reichlich belohnt, es öffnet sich ein ganzes Universum! Und unser Essproblem ist das Tor dahin!

Gib Dich nicht damit zufrieden in Deiner selbsterschaffenen, gewohnten Gefängniszelle der Esssucht nur ab und zu die Möbel umzustellen, sondern schmecke die ganze Freiheit und die bunte beglückende Vielfalt eines selbstbestimmten Lebens, dass sich nicht ausschließlich um das Essen dreht!

Hier eine wunderbare Geschichte, die uns zeigt, wie der Glaube an uns, egal ob von uns selber oder von Anderen, die Dinge des Lebens verändern kann!

"...Es waren einmal zwei Freunde, die sich einen Traum erfüllen wollten, nämlich mit einer kleinen Segelyacht die Erde zu umsegeln. Sie starteten guten Mutes und alles lief sehr gut. Von Zeit zu Zeit liefen sie Hafen oder kleinere Inseln an, um Wasser und Lebensmittel aufzunehmen.

Als sie bereits viele Wochen unterwegs waren, kamen sie zu einem Eingeborenenstamm. Der Empfang und die Gastfreundlichkeit waren so grossartig, dass die beiden entschieden ein paar Tage Pause einzulegen und zu bleiben.

Einer der beiden Freunde wurde auf eine Frau aufmerksam und konnte seine Augen nicht wieder von ihr abwenden, schnell war klar, dass die Sympathie beidseitig war. Der Mann hatte nur noch die Frau im Kopf und schwärmte seinem Freund vor wie attraktiv und strahlend sie wäre, dass er nie eine schönere Frau gesehen hätte - er war völlig verrückt vor Liebe. Sein Freund versuchte ihn auch auf andere, noch schönere und strahlendere Frauen aufmerksam zu machen, aber nichts funktionierte und schließlich beschloss der Verliebte dieser Frau einen Heiratsantrag zu machen.

Nun war es bei dem Eingeborenenstamm üblich den Häuptling um die Hand einer Frau aus dem Stamm zu bitten und den Brautpreis festzulegen. Je nach den Qualitäten der Frau (Aussehen, Kochkünste, Wissen im Bereich Heilung, Fähigkeiten bei der Jagd, gebärfreudiges Becken, etc....) bewegte sich der Brautpreis zwischen einer Kuh für eine Frau mit wenig Qualitäten und 9 Kühen für einen Frau mit maximalen Qualitäten - der perfekten Frau schlechthin. Noch nie hatte es in der Stammesgeschichte diesen Brautpreis für eine Frau gegeben.

Obwohl noch nie ein Fremder in den Stamm eingeheiratet hatte, willigte der Häuptling in die Hochzeit ein und legte den Brautpreis auf drei Kühe fest. Da sagte der Bräutigam: „Wie, nur drei Kühe, schau' Dir diese Frau doch an. Sie ist auf jeden Fall 9 Kühe wert. Ich zahle 9 Kühe." Das irritierte den Häuptling und er erklärte, weshalb die Frau nur 3 Kühe wert ist. „Sie gehört nicht zu den schönsten im Dorf. Ihr Jagdgeschick lässt sehr zu wünschen übrig und sie kann weder gut kochen noch ist sie sehr ordentlich." Doch der Werber blieb stur und sagte: „Ich zahle 9 Kühe." Der Häuptling war noch nie mit einer derartigen Situation konfrontiert und berief den Ältestenrat ein. Nach langen Diskussionen beschloss dieser, dass der Mann die 9 Kühe bezahlen darf. Die Hochzeit war ein rauschendes Fest und am Tag danach segelte der Freund weiter, mit dem Versprechen nach ein paar Jahren wieder zu Besuch zu kommen.

Wie versprochen, legte fünf Jahre später eine Yacht am Steg des kleines Dorfes an und der Mann, der von Bord ging, war ganz aufgeregt seinen Freund wiederzutreffen. Die erste Frau, die er sah, war eine unglaublich attraktive Frau, mit einem kleinen Kind auf dem Arm. So strahlend und schön, viel attraktiver als jede andere Frau, die er je zuvor gesehen hatte. Vor lauter Ehrfurcht traute er sich gar nicht sie anzusprechen. Er fand seinen Freund, der ihn unter Jubel willkommen hieß und ihm ein köstliches Essen vorsetzte. So gut hatte der Weltreisende noch nie gegessen. Das Fleisch war zart. Die Hütte war wohnlich eingerichtet, stilvoll und versprühte eine heimelige Atmosphäre. Der Freund erzählte, dass seine Frau die Königin der Jägerinnen ist und bald sein zweites Kind gebären wird. „Du hast sie ja schon gesehen", sagte der Freund. „Unten am Steg." „Das war nicht deine Frau", sagte der Segler. Die Frau dort unten war die schönste Frau, die ich je gesehen habe." Und während er das sagte, kam sie zur Hütte und er erkannte sie voller Staunen. „Was um alles in der Welt ist der Grund, dass Du dich so radikal verändert hast", fragte er sie. Sie lächelte ihr liebreizendes Lächeln und antwortete: „Mein Mann hat 9 Kühe für mich bezahlt und behandelte mich jeden Tag unseres gemeinsames Lebens so großartig, wie es nur eine 9-Kuh-Frau verdient. Also konnte ich gar nicht anders als mich in eine 9-Kuh-Frau zu verwandeln. Genau in die Frau, die er immer in mir sehen konnte."

(Aus „Die Raffinesse einer Frau, werden Sie Männerflüsterin" von Regina Swoboda, die ursprüngliche Geschichte wurde erstmals in den 60ern von Patricia McGerr aufgeschrieben und hieß "Johnny Lingo's 8-cow wife")

Kapitel 3

Die goldenen Regeln

Die einzig wirklich funktionierende Diät ist eine geistige Diät,
nämlich die, bei der man auf negative Gedanken verzichtet!

(Beate Huppertz-Herrmann)

Kaum habe ich in Kapitel 1 davon gesprochen, dass es keine Reglementierungen geben sollte, da kommen in Kapitel 3 die „goldenen Regeln“! Das ist ein wenig verwirrend, oder?

Ich würde sie deshalb erstmal nur als Regeln bezeichnen, um ein gewohntes und bekanntes Wort zu benutzen. Wenn ich es so ausdrücke wie **ich** es empfinde, könnte es auch so heissen

Wenn Dein Herz in Liebe zu Dir sprechen könnte, würde es sich folgende Dinge von Dir wünschen:

♥ bitte mache keine Diäten mehr

♥ bitte iss nur, wenn Du körperlichen Hunger hast

♥ bitte iss in einer Umgebung, in der Du Dich wohlfühlst, wo Ruhe und keine Hektik herrscht und Du Dich auf das Essen konzentrieren kannst (nicht während des Herumlaufens oder beim Autofahren)

♥ bitte setze Dich hin beim Essen

♥ bitte iss, ohne Dich durch Fernseher, Bücher oder Zeitungen ablenken zu lassen

♥ bitte iss nur genau das, worauf Du und Dein Körper Hunger und Lust haben und nicht das, wovon Du glaubst es jetzt essen zu sollen

♥ bitte iss nur solange, bis Du satt bist, dann höre auf, egal wieviel noch auf dem Teller liegt

♥ bitte iss nicht heimlich, sondern so, dass die Möglichkeit besteht, dass Andere Dich sehen könnten

♥ bitte iss bewusst und geniesse langsam und in Ruhe jeden Bissen

♥ bitte iss mit Lust und voller Genuss und Freude

♥ bitte streiche die Worte kalorienreich, schlecht, dickmachend und verboten aus Deinem Wortschatz

Und auch, wenn Du einmal isst, ohne körperlichen Hunger zu haben, werde nicht wütend auf Dich und verliere das Vertrauen und die Hoffnung, sondern geniesse jeden Bissen des Essens und mache anschließend wie oben weiter.

Diese sogenannten „Regeln“ sind so einfach, dass es schon fast albern erscheint zu denken, dass man damit sein Leben grundlegend ändern kann. Man könnte denken, wenn es so einfach ist, warum macht es dann nicht jeder? Einer der entscheidenden Gründe ist wohl, dass es viel einfacher ist, sich nach der neuesten Diät zu richten, die z.B. verspricht, aller - aller - aller-neuste Erkenntnisse zu haben, die endlich ein Wunder vollbringen können, nämlich ohne sein Leben zu ändern für immer schlank zu sein und Unmengen ungesunder Dinge zu essen, ohne dass es irgendwelche Folgen hat! All das zu glauben fällt uns Menschen viel leichter, als uns mit unseren eigentlichen Dramen auseinanderzusetzen, die schon so lange in uns schlummern.

Wir möchten nicht selber an uns arbeiten, sondern lieber von Anderen in Ordnung gebracht werden, was soweit führen kann, dass sich manche lieber den Magen operativ verkleinern lassen, als sich an ihre Kindheit zu erinnern. Wir gehen lieber den zwar unbequemen, aber bekannten Weg, als uns auf etwas Neues, vermeintlich Schmerzliches einzulassen, frei nach dem Motto:

So bin ich eben oder so ist das eben!

Ohne Herauszufinden, wer Du wirklich bist und was Du wirklich möchtest, wird es nicht möglich sein, langfristig ein erfülltes und glückliches Leben zu führen. Oft ist da auch die Angst davor, zu erkennen wer Du wirklich bist, weil Du Angst hast, da auf Etwas zu stossen, was Dir nicht gefällt! Aber die Wirklichkeit ist eine ganz Andere, Du wirst in Dir auf Etwas Wunderbares stossen, Deinen liebenswerten Wesenskern, der eigentlich nur Liebe kennt und als liebendes Wesen in diese Welt geboren wurde. Er wartet nur darauf von Dir wiederentdeckt zu werden, denn Alles Schlechte, das Du über Dich denkst, ist Dir von anderen schwachen und unwissenden Menschen übergestülpt worden – Sie wussten es selbst nicht besser!! Deshalb habe keine Angst in Dein Inneres zu schauen, Du wirst reich belohnt werden!

Wer heimlich isst, verbirgt Etwas und dieses Etwas ist nicht nur das Essen, sondern Vieles mehr in seinem Leben, was er nicht den Anderen preisgeben möchte. Vielleicht aus Angst, dann nicht mehr geliebt oder respektiert zu werden. Durch die Regeln kannst Du anfangen, Dich mit Deiner Essensweise auseinanderzusetzen, in dem Du sie einmal ganz genau und von allen Seiten betrachtest. Sie hat nämlich sehr viel mit Deiner Lebensweise zu tun und gibt Dir wichtige Hinweise auf versteckte Problematiken. Schon Deine Reaktion auf diese Richtlinien kann interessante Erkenntnisse bringen, was Du über Dich und Dein Leben denkst! Die Selbstbeobachtungstabelle auf meiner Homepage, die Du Dir als PDF runterladen und ausdrucken kannst, kann da sehr behilflich sein!

Viele alleinlebende Menschen haben zum Beispiel Schwierigkeiten damit, alleine zu essen, ohne sich dabei durch Bücher, Zeitschriften und Fernseher abzulenken! Sie wehren sich mit Händen und Füssen gegen diese „Regel"! Wenn man das Ganze allerdings mal ein bisschen hinterfragt, dann kommt man recht schnell dahinter, dass es eher das Gefühl ist ein Versager zu sein (weil man keinen Partner hat und alleine essen muss) von dem man sich unbedingt ablenken möchte oder auch muss, als die Tatsache, das das Essen ohne Zeitung dabei nicht richtig schmeckt!

Auch Frauen, die ihr ganzes Leben Diät gehalten haben, sehen die „Regeln“ oft nur als eine weitere Gängelung in ihrem Leben an und reagieren trotzig darauf und lehnen Sie ab, um zu rebellieren. Dabei möchten die „Regeln“ einfach nur ein liebevoller Lehrer sein, der uns beibringt unseren Körper und uns selber zu lieben, ehren und zu respektieren. Ich bitte Dich darum, es einfach mal auszuprobieren und zu spüren, wie es sich anfühlt – diese Freiheit von den Esszwängen der letzten Jahre. Setz Dich nicht zu sehr unter Druck, geh Alles langsam an, denn Deine Probleme sind auch nicht in ein paar Wochen entstanden, sondern in vielen Jahren! Daher ist es auch ein Zeichen von Selbstliebe, es nicht gleich zu übertreiben und sich beim Versagen selber zu verurteilen. Denn dann ist die Gefahr groß wieder beim resignierenden „ So bin ich eben oder so ist das eben“ zu landen. Auch hier heisst es in sich reinhorchen und liebevoll voranzugehen! Vielleicht suchst Du Dir erstmal eine „Regel“ aus, die Dir am ehesten zusagt und beginnst dort mit der Umsetzung. Denn wenn Du erst gemerkt hast, wie wohltuend sich die Ergebnisse anfühlen, wird Nichts auf der Welt Dich davon abhalten können, mit den anderen „Regeln“ weiterzumachen bzw. sie werden sich wie von alleine in Deinem Leben etablieren.

„Denke über das Gute nach, was Dir gerade widerfährt, wovon jeder mehr als genug hat, und nicht über vergangene Missgeschicke, von denen jeder nur ein paar hat.“

(Charles Dickens, Schriftsteller, 1812-1870)

Kapitel 4

Ursachen von Essstörungen

„Häufig siehst du dich vor Problemen, welchen du schon einmal begegnet bist. Hinter der Wiederholung von Erfahrungen steht ein einziges Ziel: dich zu lehren, was du noch nicht begriffen hast."

(Paulo Coelho)

Die Hauptursache von Essstörungen, wie von allen Suchtkrankheiten, Krankheiten und Problemen, ist die mangelnde Selbstliebe. Sie entsteht auf vielfältige Weise und hat meistens ihren Ursprung in einer Kindheit innerhalb einer dysfunktionalen Familie, in der es an Liebe, Geborgenheit, Respekt, Anerkennung und/oder Fürsorge mangelte, es aber möglicherweise reichlich Alkoholmissbrauch, Gewalt, Ignoranz, Einsamkeit, Verlassenwerden, Missbrauch oder Beleidigungen und Beschimpfungen gab. Für viele Kinder ist Ignoranz und Nichtbeachtung die schlimmste Form von Gewalt, sie halten es kaum aus, **nicht** gesehen zu werden. Als Kind ziehen sie sich entweder komplett zurück oder werden das, was man als auffälliges Kind bezeichnet, denn traurigerweise ist diesen Kindern eine negative Zuwendung in Form von Schlägen und Schreien noch lieber, als ignoriert zu werden. Als Erwachsene verfallen sie oft in die Binge-Eating-Essstörung um an Masse zu gewinnen, damit sie nicht mehr von der Welt übersehen werden können.

Frauen und Essen

Offiziell wird davon ausgegangen, dass über eine halbe Million junger Mädchen und Frauen in Deutschland unter einer Essstörung leiden. Die Dunkelziffer liegt sicherlich sehr viel höher, da es viele Frauen gibt, die schlank sind und trotzdem essgestört, siehe Bulimie. Oder Frauen und Mädchen, die Ihr Gewicht nur durch ständige Diät, exzessiven Sport und strengste Disziplin beibehalten.

Frauen wehren sich mit dem Übergewicht oft gegen die Anforderungen der Gesellschaft, die von Ihnen erwartet, dass sie als Nährende für ihre Familie absolut perfekt agiert, indem sie das gesündeste, schmackhafteste Essen mit dem besten Preis-Leistungsverhältnis auf wundervolle und natürlich energiesparendste Weise zubereitet! Und dabei aber selber so diszipliniert ist, dass sie um Gottes Willen nicht zunimmt! Also alle gut nährt, aber nicht sich selber!

An uns selber zu denken, empfinden wir als egoistisch, anstatt daran zu denken, dass nur ein gut behandelter und genährter Körper auch seine Familienarbeit mit Freude und Liebe verrichten kann, kein genervter und von Diät unterdrückter Mensch kann das.

Wenn wir uns also aufopfern, kann es passieren, dass wir dann Abends mit dem Belohnungsessen anfangen. Wir haben den ganzen Tag stark, verantwortungsvoll und perfekt agiert und essen dann am Abend ohne wirklich Hunger zu haben, nur weil wir das Gefühl haben uns für unsere Tagesleistung belohnen zu müssen. Aber das Gefühl sich auch mal was zu gönnen, nachdem man den ganzen Tag auf verschiedenste Weise Andere genährt hat, hat nichts mit wirklichem Hunger zu tun. Und auch nicht mit Genuss!

Es ist ein Teufelskreis, erst sollen wir unseren Körper in möglichst guter Form halten, um einen „guten Mann“ anzuziehen. Haben wir dann Einen gefunden, sagen unsere Verlassensängste: Du musst attraktiv sein, sonst geht er wieder! Allerdings sollten wir aber auch eine gute Hausfrau und Köchin sein, und den Ehemann und die Familie bestmöglich ernähren. Wenn wir das nicht können oder tun, ist es nicht nur die „Schweigermutter“, die uns klarmacht, dass eine „richtige“ Frau so Etwas zu können und zu tun hat. Wir selber sollten aber von dem leckeren Essen besser nicht soviel zu uns nehmen, damit wir weiterhin auch attraktiv, leidenschaftlich und vorzeigbar sind. Dadurch erhöht sich natürlich der Druck und auf Druck reagieren wir mit....? Essen!

Sehr schädlich ist natürlich auch der ungesunde Druck von Seiten der Mode- und Diätindustrie, die abstruse und willkürliche Idealbilder erschafft und uns dazu bringt ihnen zu entsprechen. Mit Photoshop stark bearbeitete Models in Modezeitungen und dem Playboy entwerfen ein Frauenbild, das in der Realität garnicht existiert, dem aber nachgehechelt wird, bis die Gesundheit auf dem Spiel steht! Eckart von Hirschhausen hat zu dem Thema mal Folgendes gesagt: Alle Mädchen wollen wie die Topmodels im Fernsehen aussehen, aber nachdem ich mal mit einer von ihnen in der Maske zusammensaß, weiss ich dass auch die Topmodels in Wirklichkeit gerne so aussehen würden, wie sie im Fernsehen oder der Zeitung aussehen!!!

Entweder passen wir uns dem Diktat an oder rebellieren dagegen in Form einer dicken Fettschicht, die der Gesellschaft auf unterbewusster Ebene mitteilen will: Ihr könnt mich Alle mal! Ihr Alle, die von mir erwarten, die perfekte Hausfrau, hingebungsvolle Mutter und kreative Geliebte mit der perfekten Figur zu sein!

Ehemals normalgewichtige Frauen werden durch den Druck der Medien, der Industrie und der Gesellschaft dazu gebracht, sich zu dick zu fühlen. Es gibt Sendungen wie "Germany's next Topmodel", wo sehr schlanke Frauen als übergewichtig bezeichnet werden. Diese Sendungen werden auch von jungen Mädchen sehr gerne gesehen und sind oft der Einstieg in eine Diät-Karriere, aus der es lebenslang keinen Ausweg mehr zu geben scheint.

Erst dadurch wird ihnen jede eigene Wahrnehmung madig gemacht und schon 10jährige machen die ersten Diäten. Die Aussage dahinter ist schrecklich:

So, wie Du bist, bist Du nicht in Ordnung!

Das ist eine fatale Erkenntnis, die sich auch im Alltag widerspiegelt und in einem Teufelskreis von Kasteiung, Fressanfällen, Magersucht, Bulimie und Unzufriedenheit endet, manchmal sogar lebenslang! Und durch den Jojo-Effekt, wiegen sie am Ende mehr als ihr Ausgangsgewicht und haben jede Freude am Essen verloren!

Oft mögen Frauen ihr Übergewicht unbewusst auch deshalb, weil sie damit keine Konkurrenz für andere Frauen sind und deshalb gemocht werden. Es ist einfach weniger anstrengend, nicht konkurrieren zu müssen, da man ja eh keine Chance zu haben scheint. Da kümmern wir uns doch lieber um die seit langem vertraute Sorge bezüglich Essen und Gewicht, als uns ins vermeintliche Haifischbecken der Konkurrenz unter Frauen zu begeben.

Heilung kann dann einsetzen, wenn wir anfangen die Eigenschaften, die wir unserer Fettschicht zugeschrieben haben, in uns selber zu finden: Stärke, Abgrenzung, Schutz, Raum einnehmen usw.

Dazu noch eine interessante Untersuchung von Elena Belotti :

Sie untersuchte das Verhalten von Müttern bei der Fütterung Ihrer Babies. In einer Gruppe von Babies mit zweierlei Geschlecht, waren 99 % der Jungen und 66 % der Mädchen gestillt worden. Mädchen wurden auch bedeutend früher abgestillt als Jungen und die Zeit, die die Mütter mit den Mädchen beim Füttern verbrachten war um 50 % geringer , was natürlich auch eine geringere Nahrungsmenge bedeutete.

So werden Töchter also oft unbewusst weniger gut, weniger aufmerksam und weniger liebevoll gefüttert als Jungen. Das lässt den Rückschluss zu, dass die gesamten Bedürfnisse von Mädchen im Kindesalter unzureichender befriedigt werden.

Missbrauch - ein nicht nur weibliches Thema

Sexueller Missbrauch gehört zu den häufigsten Ursachen von Essstörungen. Nach einem derartigen Übergriff haben doppelt soviele Menschen Essstörungen, als ohne ein derartiges Erlebnis. Wenn jemand sexuellen Missbrauch in der Kindheit oder auch später erlebt hat, ohne Hilfe und Trost erfahren zu haben, hat derjenige später mit schwerwiegenden Problemen zu kämpfen - Essstörungen, Drogenabhängigkeit und Alkoholismus sind die häufigsten.

Durch den Missbrauch, bei dem von einer stärkeren Person Autorität, Macht und Gewalt ausgeübt wurden, fühlt sich das Opfer ängstlich, wütend und beschämt. Das geht sogar soweit, dass es das Gefühl hat, an der Situation schuld zu sein, indem es die Sache „provoziert“ und zugelassen hat. Der Vorgang des Missbrauchs ist für das Opfer äusserst erniedrigend und nimmt ihm dabei das Recht über seinen Körper zu bestimmen, was sich sehr häufig dann in einer Essstörung äussert, in der auch die Kontrolle über den Körper abgegeben wird. Symptomatisch für solche Situationen, die meistens sogar innerhalb von Familien stattfinden, ist es, dass dem Kind oder Jugendlichen kein Glauben geschenkt wird, wenn sie versuchen, sich jemandem anzuvertrauen. Und selbst wenn die Mutter es glaubt, versucht sie häufig das Kind zum Schweigen zu bringen, damit die „heile Welt“ der Familie nicht zerstört wird, oder wohlmöglich die Nachbarn etwas mitkriegen und anfangen zu reden.

Durch die Erkenntnis, dass die Erwachsenen es nicht beschützen und die Meinung der anderen Leute ihnen wichtiger als das Wohlbefinden des Opfers ist, verliert das Kind jegliches Vertrauen in das Leben. Und auch das Vertrauen in sich selber, denn wenn eine erwachsene Person sagt, da war Nichts und das Opfer aber dieses Erlebnis hatte, entsteht eine Art Wahrnehmungsstörung und ein Zweifel an der eigenen Empfindung und Wichtigkeit! Da es zumeist keine adäquaten Reaktionen auf dieses Verbrechen gibt, fühlt sich das Kind einfach nur alleine und weiss nicht wohin mit seiner Wut. Jeder, der sich mal hilflos und gedemütigt einer stärkeren Person ausgeliefert fühlte, kann sicherlich nachvollziehen, welch unbändige Wut das nach sich zieht. Es ist fast immer so, dass sich diese Wut nicht an der richtigen Stelle entladen kann - wenn sie sich überhaupt jemals im Äusseren entlädt, da Wut bei Mädchen und Frauen gerne als unpassend und hässlich bezeichnet wird, ja sogar gerne mit Hysterie und als Eigenschaft einer Furie tituliert wird. Wut hat in unserer Kultur keine legitime Daseinsberechtigug für Frauen. Mädchen dürfen höchstens weinen, aber keine Wutausbrüche haben, das passt nicht ins liebreizende Bild unserer Poesiealbums-Welt.

Darum passiert Etwas sehr Zerstörerisches - die Wut richtet sich nach Innen, gegen das Opfer selbst. Und diese Wut gegen uns selber führt dazu, dass wir anfangen unseren Körper und unser Wohlbefinden zu boykottieren, gar zu zerstören.

Viele Frauen und Männer, die sexuellen Missbrauch erlebt haben, möchten sich mit Ihrem Körperfett vor neuerlichen Übergriffen schützen. Das ist natürlich ein unbewusster Vorgang. Offiziell möchten sie unbedingt schlank werden, tun sogar Dinge dafür wie Magenverkleinerungen oder andere invasive Eingriffe, welche aber logischerweise nicht funtionieren, solange ihr Unterbewusstsein glaubt, dass Schlanksein für sie gefährlich ist. Wenn ich jemanden mit der These konfrontiere, dass Menschen, die dick sind unterbewusst auch dick sein wollen, schlägt mir nicht gerade Begeisterung entgegen. Solange bis ich tiefergehend hinterfrage, was denn vielleicht daran beängstigend sein könnte schlank zu sein, dann kommt so Einiges ans Tageslicht, was bisher verborgen war unter dem Satz: Natürlich will ich schlank sein, jeder will schlank sein!

Speziell beim Thema Missbrauch gibt es unterbewusste Glaubenssätze, die folgendermaßen lauten können:

"Wenn ich unattraktiv aussehe, tut mir keiner was"

oder

"Wenn ich unattraktiv aussehe hat Niemand ein sexuelles Interesse an mir"

Sie fühlen sich nicht stark genug, um sich mit Worten und vor Allem mit einem klaren "Nein" abzugrenzen, deshalb muss das Fett diese Rolle übernehmen. Sie fühlen sich immer noch als das kleine verletzliche Kind, das den Übergriffen des Stärkeren schutzlos ausgeliefert ist, deswegen ist es für sie sicherer sich eine Schutzhülle aus Fett zu schaffen. Sie denken, dass sie als schlanke Personen nicht ernstgenommen, ja übersehen werden und jedes Lüftchen sie wegwehen kann. Sie haben kein Vertrauen in ihre innere Stärke und machen deshalb ihren Körper „stark“.

Bei Magersucht ist es dagegen so, dass der Magersüchtige um jeden Preis die Kontrolle behalten möchte. Menschen mit dieser Erkrankung beziehen ihre Glücksgefühle aus der Tatsache, dass sie alleine die Kontrolle über ihren Körper und ihr Essverhalten haben, und niemand Anderer. Sie möchten nie mehr die Kontrolle an jemand Anderen abgeben, denn sie können keinem Menschen mehr vertrauen, nach dem jemand auf gewaltsame Weise Kontrolle über sie ausgeübt hat.

Durch den sexuellen Missbrauch entwickelt das Opfer eine regelrechte Feindlichkeit dem eigenen Körper gegenüber. Es wird ein veränderter Körperzugang entwickelt, der verzweifelt versucht durch sogenannte „Trostmittel“, wie Essen oder Alkohol, eine Zufriedenheit herzustellen und damit das vorhandene seelische Unbehagen zu entfernen. Was natürlich nicht funktioniert und auch nicht funktionieren kann!

Zum Glück gibt es sehr erfolgreiche Möglichkeiten diese Traumata der Vergangenheit zu bearbeiten und ad acta zu legen. Ich arbeite mit dem „Inneren Kind“ und mit der wunderbaren Methode des „Meridian Tapping“. Beides in Kombination kann eine Heilung hervorrufen, die garnicht weit entfernt liegen muß. Es hat sich in Test oft als effektiver als jede langjährige Gesprächstherapie erwiesen. Ich habe bei mir selber und auch in meiner Praxis bisher sehr gute Erfolge mit diesen Methoden erzielt und empfinde es als sehr tröstlich, dass es kein lebenslanges Schicksal sein muss. Dem Glück steht also Nichts mehr im Wege. Mehr über diese beiden Methoden findest Du im weiteren Verlauf dieses Buches.

Das Thema Missbrauch liegt mir auch persönlich sehr am Herzen, da es auch bei mir einer der Auslöser für eine Esssucht und auch für eine Art Liebessucht gewesen ist. Ich habe mich im Laufe meines Lebens viel zu oft auf Menschen und Situationen eingelassen, die mir nicht gut getan haben - einzig in der Hoffnung endlich Liebe, Geborgenheit, Annerkennung und Schutz zu finden. Genau das ist es nämlich, was einem kleinen Mädchen fehlt, das so ein Erlebnis hatte, in diesem Fall mit einem erwachsenen Verwandten, dem es so sehr vertraut hat. Doch aus der heutigen Sicht kann ich garnicht so genau sagen, was für mich schlimmer war, der Missbrauch selber, oder die Reaktion meiner Großmutter, als ich es ihr erzählen wollte. Sie wollte es nicht hören, mit dem Hinweis: Was sollen denn die Leute denken!

Ich kann heute mit einem viel milderen Blick auf diese Zeit zurücksehen, auch wenn sie mein Leben in den ersten drei Jahrzehnten oft sehr negativ beeinflusst hat. Aber sie hat mich auch zu der Person gemacht, die ich heute bin und die ich sehr gut leiden mag und wertschätze.

Heute weiss ich, dass sowohl mein Onkel als auch meine Oma einfach nur danach gehandelt haben, wie sie es wiederum von zuhause kannten. Das soll überhaupt keine Relativierung eines Verbrechens sein, das Kinderseelen zerstört, sondern einfach nur der Hinweis, das eine Heilung nur möglich ist, wenn man vergeben kann. Denn solange keine Vergebung möglich ist, schleppst Du diese schwere Last weiter mit Dir herum und schadest Dir nur selber damit. Es ändert Nichts an der vergangenen Tat und es trifft nicht mal die Verursacher Deines Leidens, sondern nur Dich, indem Du Dein Leiden verlängerst.

Es ist wichtig zu erkennen, dass man Liebe und Geborgenheit zuerst einmal in sich selber finden muss, und es sinnlos ist, sie im Aussen oder bei Anderen zu suchen. Du bist der einzige Mensch, der etwas verändern kann, der in Deinen Schuhen geht und der vom Tag Deiner Geburt bis zum Lebensende an Deiner Seite ist. Fang an Dich zu wertschätzen und Dein bester Freund oder Deine beste Freundin zu sein, dann triffst Du auf Menschen, die genauso gut mit Dir umgehen und Dich lieben und wertschätzen.

Essen als Ersatz für Liebe und Zuwendung

Jeder kennt wahrscheinlich eine oder mehrere Situationen, in denen er als Kind mit Essen oder Süssigkeiten getröstet wurde, wenn er geweint hatte oder traurig war. Seither gehört es zu unseren Erinnerungen, die man schon fast Konditionierungen nennen kann, dass man mit Essen Schmerz oder Trauer betäuben kann. Auch kleine Babies erhalten schon sehr früh auf ihr Schreien hin Nahrung, denn sie können ihre Bedürfnisse nicht näher beschreiben und die Mütter reagieren oft mit der Brust oder der Flasche, weil sie einfach nicht wissen, was das Kind wirklich möchte. Somit lernt der Säugling schon sehr früh, dass die Mutter auf all seine Sorgen (Windel voll, Bauchweh, Ängstlichkeit im Dunkeln, Bedarf an Zuwendung usw.) mit Nahrung reagiert.

Auch wenn man Menschen nach ihrem Lieblingsessen fragt, stellt sich oft heraus, das es das Essen ist, das sie aus ihrer Kindheit kennen und mit dem sie positive Erinnerungen an Nähe, Familie, Wärme und Beisammensein verbinden. Vielleicht war es das einzige Mal in der Woche, wo die Familie zusammen am Tisch saß, wo so etwas wie Gemeinschaft und Zusammengehörigkeit fühlbar wurde und man sich geborgen fühlte. Dazu noch ein warmes Essen oder eine heiße Suppe und die Konditionierung war perfekt. Der Zusammenhang zwischen diesem Essen und einem kurzfristigen Geborgenheitsgefühl war hergestellt und im Unterbewusstsein verankert.

Diäten als Grund für Essstörungen

Der Stoffwechsel verlangsamt sich durch Diäten. Der Körper wähnt sich in einer Hungersnot und beginnt Fett zu speichern. Er ist im Überlebensmodus! Gleichzeitig fährt er seine Bedürfnisse an Energiezufuhr (Kalorien) herunter, was dazu führt, dass nach Beendigung der Diät das gleiche Essen wie vor der Abmagerungskur zu schnellerer Gewichtszunahme führt, dem sogenannten Jojo-Effekt!

Uns wurde solange die Befähigung abgesprochen, selber Verantwortung für unseren Körper zu übernehmen, dass wir dahingehend jede Eigenverantwortung abgegeben haben, in die Hände aller Anderen, die es angeblich besser wussten und konnten, z.B. die Nahrungsmittel- und Diätindustrie, die Frauenzeitschriften und entsprechende Sendungen in den Medien.

Wir haben das Vertrauen in die eigene Wahrnehmung verloren und lassen uns bar jeder Vernunft und Logik auf jedes Versprechen ein, dass uns die Abnahme von 30 Pfund in 30 Tagen verspricht - und zwar ohne anschließend wieder zuzunehmen. Immer getragen von der Hoffnung, dass es diesmal jemandem wirklich gelungen ist so eine perfekte Methode zu entwickeln.

Diäten machen Angst vor Nahrungsmitteln und Angst vor der eigenen Unzulänglichkeit und Disziplinlosigkeit! Man kann sich selber nicht mehr vertrauen, und sich schon garnicht mit einem der "bösen" Nahrungsmittel alleine in einem Raum aufhalten!

Alles in Allem erschaffen Diäten ein ungesundes Verhältnis zum eigenen Körper, zur Genussfähigkeit und Nahrungsmitteln! Und sind somit Ursache für Essstörungen!

Was man nicht haben darf, wird um so interessanter! Das gilt nicht für für Essen und Diäten, sondern ist ein allgemein bekanntes Phänomen. Ein gutes Beispiel dafür sind Frauen, die jahrelang als heimliche Geliebte eine Beziehung führen. Sobald der Mann sich dann irgendwann doch scheiden lässt und die Beziehung offiziell wird, wird es langweilig und man trennt sich nach kurzer Zeit. Der Reiz des Verbotenen ist weg!

„Vergnügen ist die Verpflichtung und das Ziel aller denkenden Wesen!"

(Voltaire, franz. Lyriker und Autor, 1694-1778)

Kapitel 5

Das innere Kind

„Es ist nie zu spät für eine glückliche Kindheit!"

(Milton Erickson)

Eines der wichtigsten Themen auf dem Weg zur Heilung ist die liebevolle Annahme des vergessenen **Inneren Kindes.** Die meisten Menschen haben ihr **Inneres Kind** verdrängt oder es durch Ablenkung und Betäubung zum Schweigen gebracht.

Sobald wir beginnen uns liebevoll mit dem Inneren Kind zu beschäftigen, fängt es an zu wachsen und zu gedeihen.

Das **Innere Kind** ist eine fiktive Gefühlsfigur. Es symbolisiert die im Gehirn gespeicherten Gefühle, Erinnerungen und Erfahrungen aus der eigenen Kindheit. Es beinhaltet alle intensiven Gefühle, wie Glück, Traurigkeit, Neugierde, riesige Freude, tiefen Schmerz und auch Angst und Wut. Das Grundgefühl Deines **Inneren Kindes** aber ist Angst, bedingt durch die jahrelange Stimme des Inneren Kritikers in Dir, der Dir zuraunt: Du bist nicht liebenswert, Du bist nicht gut genug und Du schaffst es sowieso nicht!

Wir alle kommen als Alles liebende Wesen in eine Welt, die uns relativ bald zeigt, dass so etwas hier nicht erwünscht ist und wir rennen mit unserem Wunsch nach unvoreingenommener, bedingungsloser Liebe in offene Messer namens Erziehung und „Realismus“ und treffen auf Menschen, die selber das Lieben und die Selbstliebe verlernt haben. Diese Erfahrung lässt das Kind in uns innehalten und zum Entschluss kommen, dass es besser ist, sich von der Welt und den Gefühlen abzutrennen um nicht weiter verletzt zu werden. Es bleibt so alt wie es bei dieser Entscheidung war und sitzt voller Angst und Trauer in unserem Inneren, lässt uns auch als Erwachsene alle Konflikte und Situationen mit seinen Augen sehen.

Ein tiefes frühkindliches Bedürfnis ist der Wunsch nach bedingungsloser Liebe und Anerkennung. Wird diesem nicht bestmöglich entsprochen, entsteht eine tiefe Angst im Kind, denn es ist abhängig davon, vom Erwachsenen versorgt zu werden. Ein Säugling oder kleines Kind würde sterben, wenn es unversorgt bleibt und daher versucht es natürlich Alles um die Liebe und Aufmerksamkeit des Versorgers zu erlangen und aufrecht zu erhalten. Schon kleinste Kinder merken, wie ihre Eltern darauf reagieren, wenn es etwas tut, was den Eltern nicht soviel Freude bereitet, sie spüren es, ob die Mutter begeistert ist, wenn sie es nachts zum 3. Mal wickeln muss. Das ist ganz legitim und auch menschlich von der Mutter, nicht begeistert zu sein, aber das Kind lernt daraus, wie es die Zustimmung und Zuneigung der Eltern erhalten oder vermeintlich verlieren kann.

Das Experiment, dass ich in Kapitel 2 erklärt habe, in dem Kinder nur Grundversorgung erhielten, aber keine Zuwendung, zeigt auf, WIE überlebenswichtig liebevolle Aufmerksamkeit für Kinder ist. Und nicht nur für Kinder, für alle Menschen. Es hat sich sogar gezeigt, dass in Krankenhäusern, bei schwer Brandverletzten die Schmerzmitteldosis deutlich gesenkt werden konnte, wenn die Patienten liebevollen Umgang hatten und gestreichelt wurden!

Solange wir uns nicht mit dem **Inneren Kind** und seinen Gefühlen auseinandersetzen, werden wir immer Getriebene sein! Getrieben von dem Wunsch nach Liebe und Anerkennung durch unsere Eltern, die wir als Kind so dringend gebraucht hätten. Wir laufen durch die Welt und suchen in Partnerschaften, im Beruf, im Hobby oder Sport danach, endlich das zu finden, dass uns in der Kindheit gefehlt hat. Das kann sehr heftige und auch selbstzerstörerische Ausmasse annehmen, wie wir bei extrem ehrgeizigen Menschen erkennen können, die niemals mit sich zufrieden sind, egal, wie gut ihre sportliche oder berufliche Leistung oder wie teuer das neue Auto war. Sobald sie es haben ist das Interesse schon verflogen, denn sie merken, dass es nicht reicht! Was ja auch logisch ist, da es nicht das ist, was wirklich fehlt! Schneller, höher, weiter ist die Devise und sie sind sogar bereit ihr Leben dafür aufs Spiel zu setzen, indem sie z.B. gefährliche Medikamente zur Leistungssteigerung einnehmen! Aber sie merken nicht, dass es der falsche Weg ist. Unsere Inneren Eltern begleiten uns weiterhin! Und vor Allem begleiten uns ihre Handlungen und Aussagen der Kindheit!

Wenn die Eltern noch leben, versuchen wir Alles um ihnen zu beweisen, dass wir doch liebenswert sind oder tun Alles um sie zu ändern, damit doch noch Alles gut wird! Und selbst wenn sie gestorben sind machen wir weiter damit, indem wir uns jemanden suchen, der uns anerkennt und liebt! Die meisten Partner sind damit völlig überfordert. Das vorwurfsvolle „Du liebst mich nicht genug“, dass wir dem Partner dann an den Kopf werfen, stammt dann eindeutig nicht von einem Erwachsenen! Schon die kleinste Kritik oder ein Fehlverhalten des Partners versetzt uns wieder in die Kindheit und lässt das Innere Kind voller Angst vor Ablehnung und Verlassenwerden verrückt spielen und meistens sehr unangemessen auf die Situation reagieren! In manchen Streits würde ein Aussenstehender deutlich erkennen können, dass hier nicht 2 erwachsene Partner streiten, sondern 2 sehr verletzte Kinder. Ein Verlassenwerden durch den Partner kann somit förmlich Todesängste in uns hervorrufen, denn für das Kind in uns hätte das Verlassenwerden eine lebensbedrohliche Situation dargestellt.

Aber kein Partner kann garantieren Dich nicht zu verlassen, selbst wenn er es möchte! Es könnte ihm ja auch Etwas zustossen und dann erleidet das Innere Kind wieder Todesangst. An dieser Stelle kann man nur selber die Verantwortung für sein Leben und die Liebe zu sich übernehmen. Selbst wenn man sich sofort wieder eine neue Beziehung sucht, um Liebe von Aussen zu bekommen, signalisiert es dem Kind wieder: ICH bin nicht für Dich da!

Daran, dass der Partner dieses tiefsitzende kindliche Sehnsucht nach der Liebe der Eltern - logischerweise - nicht befriedigen kann, scheitern viele Partnerschaften. Dann wird ein neuer Partner gesucht und das Spiel geht wieder von vorne los. In jeder Beziehung wird eine neue Chance gesehen, den Schmerz und die Sehnsucht aus der Kindheit zu heilen. Das ist aber nicht möglich, denn es kann nur auf der Ebene geheilt werden, wo es entstanden ist. Daher ist die Arbeit mit dem **Inneren Kind** so effektiv! Es ist eine wirkliche Turbo-Therapie und das Ende eines jahrelangen Teufelskreises. Ziel der Arbeit ist es, die seelischen Wunden der Vergangenheit zu heilen, falsche Glaubensmuster aufzudecken und abzuändern, um damit einen liebevollen Umgang mit sich selber und anderen Menschen zu realisieren!

Viele Erwachsene haben im Laufe des Heranwachsens eine Trennung von ihrem **Inneren Kind** vollzogen, weil sie seinen Schmerz, die Angst, die Trauer und die Wut nicht mehr aushalten konnten oder wollten! Aber da es sich auf vielerlei Weise immer wieder bemerkbar machte, fanden sie zahlreiche Möglichkeiten um diese Gefühle zu unterdrücken! Süchte nach Essen, Alkohol, Drogen,

Arbeit, exzessivem Sport, viel Sex usw. usw. sind die gebräuchlichsten davon.

Kinder sind bis zum Alter von ca. 6 Jahren "programmierbar". Das heisst, sie speichern jede Erfahrung und jedes Wort ab und lassen es nicht wieder los. Wenn zum Beispiel ein Elternteil ständig mit "Weggehen für immer" gedroht hat, wird das Kind später starke Verlassensängste entwickeln. Ein 5jähriges Kind, das nicht genug bekommt (Liebe, Aufmerksamkeit, Streicheleinheiten, Essen, Zeit usw.) wird auch mit 50 Jahren noch ein Gefühl von "Nie genug" haben, das noch genauso intensiv ist wie mit 5 Jahren und mit grosser Sicherheit eine Essstörung nach sich zieht. Denn wenn man denkt, man bekomme nie genug, isst man soviel wie möglich, sobald es sich darbietet.

Jetzt sitzt das **Innere Kind** also seit vielen, vielen Jahren in uns und wartet darauf endlich geliebt und akzeptiert zu werden und die Geborgenheit zu erfahren, die jedes Kind braucht. Erst wenn das geschieht, dann ist Heilung möglich.

Das Kind hat nicht gelernt, dass es so in Ordnung ist, wie es ist, mit all seinen Gefühlen und Empfindungen, auch den sogenannten „Negativen“, wie Wut, Angst und Trauer. Wenn es das empfinden und zum Ausdruck bringen durfte, kennt es seinen Körper und dessen Reaktionen. Es muss seinen Körper nicht suchen oder ihn überfüttern um sich zu spüren. Wenn nicht, verliert es die gesunde Balance zwischen seinem Kopf und seinem Körper und wird fortan ein Verstandesmensch. Das erscheint vielen von uns erstmal erstrebenswert, ist es aber keineswegs, denn der Verstand ist nicht mit der Intelligenz gleichzusetzen, sondern er speichert einfach nur Alles ab, was er erlebt, gehört und gesehen hat und bastelt sich daraus unser sogenanntes „ICH“ oder EGO! Er plappert unaufhörlich, hat zu Allem eine Meinung und ist der Ansicht, dass diese Meinung die einzig richtige ist! Und wir sind stolz darauf ihn zu haben und stellen das nicht in Frage, auch wenn er eine nicht so gute Meinung über uns selber hat! Aber auch er schaut nur durch die Brille, die ihm in der Kindheit aufgesetzt wurde.

Jeder von uns kennt die Situation, dass wir als Kind einen Schmerz erlitten haben, z.B. hingefallen sind und das Knie aufgeschlagen haben. Wie war denn da die typische Reaktion auf unser Wehgeschrei? Waren es Sätze wie: Du musst doch nicht weinen (traurig, wütend usw. sein), ist doch Alles gut!

Fakt aber war, es war nicht Alles gut und wir waren doch schon wütend, traurig, ängstlich oder hatten einen Schmerz! Und wenn der Erwachsene sagte, man müsse das nicht fühlen, es sei nicht richtig, lernt das Kind einen falschen Umgang mit seinen Empfindungen und es lernt, dass sie nicht richtig und auch nicht erwünscht sind. Wenn dann noch zum Trost Süssigkeiten gereicht werden, ist Konditionierung perfekt:

Unterdrücken von Gefühlen durch Essen!

Richtiger und sinnvoller wäre es gewesen, das Kind in den Arm zu nehmen und zu sagen: Das tut bestimmt gerade doll weh und du darfst Dich in meinen Arm kuscheln und weinen und traurig sein, bis es wieder besser geht! Ich halte Dich solange ganz fest und bin bei Dir!

Kurz darauf wird das Kind wieder lachend davonlaufen! Das Annehmen von Gefühlen ist immens wichtig für eine gesunde Entwicklung und bereitet den Weg für glückliche Erwachsene, die ihre Gefühle nicht durch Süchte nach Essen, Nikotin, Alkohol, Drogen, exzessivem Sport usw. unterdrücken müssen! Die falsche Form des Trostes war von unseren Eltern sicherlich nicht böse gemeint, sie wussten es einfach nicht besser und konnten unseren Schmerz selber nicht gut ertragen, deswegen wollten sie unsere negativen Gefühle schnellstens verscheuchen.

Sie hatten wahrscheinlich niemals gelernt, wie wichtig das Annehmen ALLER Gefühle ist! Nur dann können die Gefühle uns auch wieder verlassen. Wenn wir sie nicht annehmen, bleiben sie solange in uns, bis wir das irgendwann tun – unseren Körper verlassen.

Wenn in der Kindheit etwas passiert, denkt ein kleines Kind, dass es dafür die Schuld trägt, dass es dafür verantwortlich ist, weil mit ihm etwas nicht stimmt, weil es „böse“ ist. Kinder, die missbraucht oder geschlagen werden, denken, dass das nicht passieren würde, wenn sie nur lieb und richtig wären. Sie kommen niemals auf die Idee, dass der geliebte Elternteil aus eigener Problematik heraus agiert und sie nichts, aber auch garnichts dafür können, sondern lediglich das Opfer sind. Aber Kinder betrachten ihren Eltern nicht kritisch und sind sehr auf sie fixiert, darum werden sie niemals auf die Idee kommen, dass mit ihren Eltern oder deren Verhalten etwas nicht stimmt, sondern sich immer selbst in Frage stellen.

Ein Kind das sich Liebe, Zärtlichkeit und Zuwendung wünscht und nicht bekommt, glaubt „ich bin nicht gut genug“. Dies wirkt für das ganze Leben als unbewusste Programmierung.

Die inneren kritischen Stimmen in uns, die zumeist die Stimmen der Eltern sind (manchmal auch von anderen wichtigen Autoritäts-Personen aus unserer Kindheit), sprechen ein Leben lang in uns, wenn wir Nichts dagegen unternehmen.

„Du bist dumm“, „aus Dir wird nie etwas werden“, „Du bist nicht gut genug“, „Du kannst nichts richtig machen“, etc…

Dies führt zu einem ständigen „Krieg“ in uns selbst und wird im Laufe der Zeit zu einer festen Gewohnheit, die einem gar nicht mehr auffällt. Es ist wie ein wahnsinniger Radiosender, der einen ständig mit negativen Sätzen beschallt, so dass man irgendwann glaubt, dass es die Wahrheit sein muss. Eine Art Gehirnwäsche!

John Bradshaw sagt in einem seiner Bücher über dieses Thema, dass jeder Erwachsene etwa 25.000 Stunden „Eltern-Tonbänder“ in sich gespeichert hat. Wie hoch ist die Wahrscheinlichkeit, dass diese Tonbänder sagen, wie wundervoll, liebenswert, einzigartig, intelligent, hübsch, etc. man ist?

Stell Dir einmal vor Du seist ein 3jähriges Kind und stehst mitten in einem Raum. Um Dich herum sind Menschen, wie Deine Eltern, Kindergärtner, ältere Geschwister usw., die auf Dich einreden und schimpfen, wie nutzlos, ungewollt, dumm, hässlich und trottelig Du bist. Du bekommst gesagt, dass Du Nichts richtig machst und wirst sogar geschlagen. Denkst Du, das aus diesem Kind ein glückliches, positiv denkendes liebevolles Wesen werden kann, das seine Liebe an Andere weitergibt? Wieviel anders sähe es aus, wenn diesem Kind Respekt, bedingungslose Liebe, Aufmerksamkeit und Zärtlichkeit entgegengebracht würde. Wenn ihm gesagt würde, das es richtig und liebenswert ist, so wie es ist und man es immer lieben und für das Kind dasein wird, egal was passiert. Es würde voller Vertrauen in die Welt gehen und dem Leben und den Menschen gegenüber liebevoll und positiv eingestellt sein. Sein Potential, seine Kreativität und sein soziales Denken können wachsen und gedeihen.

Die gute Nachricht ist, das wir alle negativen Programmierungen rückgängig machen und auflösen kann. Egal was passiert ist und Dir gesagt wurde, Jetzt und Hier besteht die Möglichkeit noch einmal ganz von Vorne anzufangen und Dein Leben und Dein Glück selber in die Hand zu nehmen. Löse Dich aus der Opferrolle und werde aktiv! Nimm Dein Leben jetzt selber in die Hand und befreie Dich aus den Klauen der Vergangenheit! Es ist nie zu spät ☺

Mir ist dabei noch sehr wichtig zu sagen, dass wir unsere Eltern nicht schuldig sprechen oder anklagen sollten, denn sie haben sicherlich das getan, was sie zu diesem Zeitpunkt tun konnten, für richtig hielten oder vielleicht von ihren Eltern so übernommen haben. Vielleicht hat uns ein Elternteil alleine grossgezogen und nebenbei gearbeitet, damit wir es einmal besser haben, wie es damals so schön hiess. Und dabei wurde völlig aus dem Auge verloren, dass zwar genug zu essen, aber keine Zeit mehr für Dich da war! Oder die Mutter war Hausfrau und definierte sich so über ihre Rolle, dass sie Ihr Kind mehr dressierte als liebevoll großzog, um damit die Anerkennung der Gesellschaft und ihrer Familien zu bekommen.

Was auch immer es war, wir müssen es nicht rechtfertigen und schon garnicht idealisieren oder bewerten. Es war wie es war und wir leben im JETZT und HIER und müssen für uns den richtigen Weg finden, um das, was uns gefehlt hat endlich zu finden, und zwar in uns selber - denn dort ist es schon lange vorhanden.

Die Wenigsten von uns haben gelernt liebevoll und fürsorglich mit sich selbst umzugehen. Wir fangen an den Tonbändern zu glauben und handeln danach. Wenn dort gesagt wird, dass wir nicht gut genug sind und wir das auch gespürt haben, dann werden wir uns auch nicht für gut genug befinden um auf eine gute Ernährung zu achten, oder den Körper nicht mit Nikotin und Cola zu vergiften! Diese Suchtmittel schützen zwar in dem Augenblick vor Schmerz, indem sie uns betäuben, betäuben aber auf Dauer auch unsere Kreativität, Lebendigkeit und Lebenslust und uns geht damit ein beachtlicher Teil an Lebensqualität verloren. Ausserdem führt es zu psychischen Erkrankungen und Suchtverhalten wie z.B. Essstörungen. Das Leben ist viel zu schön und zu kostbar um sich ständig zu betäuben.

Wie können wir also das Innere Kind erreichen und ihm helfen?

Dadurch, dass wir die sogenannte *Liebevolle Instanz* erschaffen, sie ist eine sehr wichtige Figur für die Heilung von Suchtkrankheiten. Sie ist der ergänzende Part zur kritischen Instanz, dem sogenannten Denker. Beide haben ihre Daseinsberechtigung und ergänzen sich sehr gut. Das Problem ist allerdings, dass bei vielen Menschen der Denker sehr dominant ist und die *Liebevolle Instanz* überhaupt nicht vorhanden.

Was ist die *Liebevolle Instanz*? Sie ist eine Art Vertrauensperson für das innere Kind! Wir als erwachsene Personen sind heute in der Lage dem Inneren Kind das Vertrauen, die Sicherheit und die Liebe zu schenken, die es bisher nicht in ausreichendem Maß erhalten hat. Wo die Eltern, Großeltern und andere Autoritätspersonen (aus welchen Gründen auch immer) nicht in der Lage waren dem Kind Liebe zu geben oder zu zeigen, erschaffen wir jetzt die *Liebevolle Instanz*. Sie ist der erwachsene Teil in uns, denn wir können dem **Inneren Kind** nicht als Gleichaltrige oder auf Augenhöhe begegnen, wir wollen ihm ja Schutz und Vertrauen schenken.

Wie genau kann man sich die *Liebevolle Instanz* vorstellen?

Die *Liebevolle Instanz* bist Du selber, und zwar als Erwachsener im aktuellen Alter, also Dein sogenanntes **„Heutiges Ich“**. Wenn das Kind in uns Traurigkeit und Verlassenheit empfindet, nehmen wir es auf den Schoss und sagen ihm: Was ist denn los mein Schatz? Weine in Ruhe und solange wie es dauert, ich halte Dich ganz fest in meinen Armen und wenn Du magst erzählst Du mir, was Dich so bedrückt!! Ich bin immer für Dich da!

Diese Instanz ist der sichere Ort, der immer konstant bleibt, während draussen das Leben spielt und immer neue Dinge auf die Leinwand bringt. Und aus dieser Sicherheit, die jeder Mensch als Grundlage für ein glückliches Leben braucht, können wir ganz anders mit Situationen umgehen, die uns begegnen. Wir vertrauen auf das Leben und wissen aus Erfahrung, dass wir das auch können.

♥♥♥♥♥

Eine ganz persönliche Geschichte über mein ***Inneres Kind*** *und ein Wochende der Erkenntnisse:*

Ich bekam von meinem Mann zum Geburtstag einen Kurzurlaub in den Bergen geschenkt. Ich hatte mir das gewünscht, weil ich als Kind sehr gerne dort war. Also fuhren wir an den wunderschönen kleinen bayrischen Ort unterhalb der Zugspitze. Ich war sehr glücklich, obwohl das Wetter schlecht war. Wir kamen am Tag vor meinem Geburtstag an und verbrachten einen schönen Nachmittag und Abend. Mein Geburtstag begann erstmal einigermassen gut. Ich bekam noch ein kleines Geschenk und einen kleinen Geburtstagstisch mit Kerze und auch die Hotel-Chefin hatte sehr liebevoll für mich zum Frühstück eingedeckt, mit einem hübschen Geschenk!
Aber das Wetter war nach wie vor schrecklich! Man konnte die Berge überhaupt nicht sehen, obwohl sie direkt neben uns waren, alles war voller Schnee und Nebel! Wir versuchten das Beste draus zu machen, aber mir ging es immer schlechter! Als dann noch meine Cousine anrief um mir zu gratulieren, brach ich in Tränen aus und wollte nur noch nach Hause! Ich trank mit meinem Mann 3 Gläser Rotwein (jeder) und dann rafften wir uns noch auf und gingen wie geplant zum Essen in ein schönes Restaurant am See, aber mir ging es grot-

tenschlecht und ich sagte in unserer Unterkunft Bescheid, dass wir vorzeitig abreisen wollen.
Ich war sauer, wütend und tobte und heulte abwechselnd! Und tatsächlich reisten wir am nächsten Morgen ab! Nachdem wir losgefahren waren, merkten wir relativ schnell, dass an diesem Tag „Postkartenwetter" zu sein schien, aber wir zogen das jetzt durch, denn es gab einfach kein Zurück!

Mir ging es jetzt noch schlechter, obwohl ich ja auf dem Weg nach Hause war, wie ich es wollte! Mein schlechtes Gewissen brachte mich fast um und ich konnte auch Zuhause an Nichts anderes mehr denken, es war wie ein Tinnitus in meinem Kopf!
Ich hatte meinen Mann um einen herrlichen Urlaubstag gebracht, trotz der langen Fahrt, und meine Gastgeber vor den Kopf gestossen, die sich wirklich Mühe gegeben hatten, es uns Recht zu machen. Was sollte ich tun?

Ich habe mich dann in der Nacht zuhause mit meinem Inneren Kind, der kleinen Beate, verbunden und eine Übung gemacht um das Problem zu thematisieren. Und es hat nicht lange gedauert, bis ich eine Antwort hatte. Ich, bzw. mein Inneres Kind, hat mal wieder meinen Geburtstag boykottiert. Mir wurde schlagartig klar, dass es nicht das 1. Mal war, sondern sich wie ein Roter Faden durch mein Leben zog, dass man es mir an meinem Geburtstag nicht Recht machen konnte. Es war meistens ein Tag, der nicht ohne Tränen bei mir abging, weil ich Riesen-Erwartungen hatte, die eigentlich nur enttäuscht werden konnten!

Im Nachhinein muss ich mich bei einigen Menschen entschuldigen, die sich Mühe gegeben haben und nur Tränen geerntet haben! Durch die Übung mit dem Inneren Kind wurde mir endlich klar, warum das Alles so war: Ich war ein sehr ungewolltes Kind, ein sogenannter „Bastard" damals, eine Schande! Meine Mutter war 17

Jahre alt bei meiner Geburt, also 4 Jahre vor der damaligen Volljährigkeit. Sie wollte mich am liebsten abtreiben oder zur Adoption freigeben, was nur daran scheiterte, dass meine streng katholischen Grosseltern das verboten und mich aufgezogen haben! Allerdings auch unter Erwartung grosser Dankbarkeit und Gehorsams von mir! Meine Mutter hat mir auch noch lange nachgetragen, dass ich ihr Leben versaut habe, was logisch gesehen natürlich Unsinn ist, aber ein Kind sehr unglücklich machen kann.

Fakt ist also, dass sich niemand auf meine Geburt freute, ganz im Gegenteil! Und wie sollte ich also jemals meinen Geburtstag als etwas Positives sehen? Meine Erwartungen und Sehnsüchte nach Beweisen von Liebe und Gewolltsein im Leben waren so riesig, dass niemand sie hätte stillen können! So war Traurigkeit und Enttäuschung vorprogrammiert! Diese Erkenntnis und die Begegnung mit dem Inneren Kind, waren eine wunderbare Einsicht für mich! Ich verlor die Hoffnungslosigkeit und wusste endlich was los war mit mir!

Ich beschloss meinem Mann als Wiedergutmachung im nächsten Sommer eine Reise dorthin zu schenken, damit er endlich die Berge sieht und schrieb noch am gleichen Tag eine Entschuldigungs-Email an die Hotelchefin, in der ich ihr meine Situation an Geburtstagen erklärte. Danach war ich so glücklich, dass ich den ganzen Tag vor mich hingrinste. Was an ein Wunder grenzt, wenn man mich vor dieser Übung gesehen hatte!

Ich erzähle Dir diese sehr persönliche Erfahrung, um an einem Beispiel zu zeigen, wie die Arbeit funktioniert und vor Allem wie schnell und effektiv sie ist. Einerseits konnte ich das seit vielen Jahren existierende Problem und meine Gefühle richtig einsortieren, falls so etwas in der Art nochmals passieren sollte und andererseits verändert sich mein Umgang mit schwierigen

Situationen mit jedem Mal zum Besseren! Ich habe das Kind trösten können und mir und ihm Liebe und Verständnis entgegengebracht und vor Allem habe ich ihm gesagt und gezeigt:

♥ *Schön, dass es Dich gibt* ♥

Oder wie Rolf Zuckowski immer so herrlich singt: Wie schön, dass Du geboren bist, wir hätten Dich sonst sehr vermisst!

Es gibt eine wunderbare und sehr effektive Übung von John Bradshaw, aus seinem Buch „Das Kind in uns“, mit der Du Dein **Inneres Kind** erstmal kennenlernen und Dich ihm vorstellen kannst.

Stell Dir vor, dass Du als der jetzt Erwachsene, also die sogenannte „*Liebevolle Instanz*“ ein Kind aus dem Heim adoptiert hast und es ist aufgrund seiner Vorgeschichte sehr verstört. So musst Du Dich auch dem „Inneren Kind“ nähern. Zuerst ein vorsichtiges Kennenlernen, ein langsames Vertrautmachen und vor Allem Vertrauen schaffen.
Das geht nicht von Heute auf Morgen! Zuviel ist passiert!

Um dem „Inneren Kind“ langsam näher zu kommen kann man ihm einen Brief schreiben!

Dieser Brief sollte in etwa folgenden Inhalt haben: Teile dem Kind mit, dass Du es liebst und froh bist, dass es da ist, sehr froh sogar! Auch, dass Du Dich freust, dass es ein Mädchen/ein Junge ist. Sag ihm, dass es absolut gewollt ist und Du ihm alle Zeit geben wirst sich zu entwickeln. Versichere ihm, dass Du weisst, was es braucht und Du ab sofort für das Kind sorgen und dasein wirst.

Lese Dir Deinen Brief dann langsam und laut vor und falls Du traurig wirst oder weinen musst, ist das völlig normal und gewollt!

Hier findest Du ein Beispiel für einen Brief, nämlich meinen eigenen:

Liebe kleine Beate,

ich bin so froh, dass Du auf die Welt gekommen bist. Ich liebe Dich und möchte, dass Du immer bei mir bleibst. Ich freue mich, dass Du ein Mädchen bist und ich will Dir helfen, großzuwerden. Ich möchte Dir gerne zeigen, wieviel Du mir bedeutest.
In Liebe, die grosse Beate

Als Nächstes lässt Du bitte das Kind in Dir einen Brief an das erwachsene ICH schreiben. Ein Kind wird wahrscheinlich nicht viel schreiben, sondern einen kurzen Brief, vielleicht ein paar Sätze, vielleicht aber auch sehr viel, was seit so langer Zeit in ihm schlummert. Wichtig dabei ist, dass Du diesen Brief mit Deiner nichtdominanten Hand schreibst, bei Rechtshändern also mit der linken Hand. Auf diese Weise nutzt Du Deine nichtdominante Gehirnhälfte und umgehst dabei die auf Kontrolle ausgerichtete logisch denkende Hälfte. So ist es leichter mit den Gefühlen des Kindes Kontakt aufzunehmen!

Der Brief könnte so aussehen:

Liebe Beate
Ich möchte, daß Du mich holen kommt. Ich möchte für jemand etwas bedeuten und alleine sein und für Alles sorgen müssen.
In Liebe
Die kleine Beate

Und hier das Original:

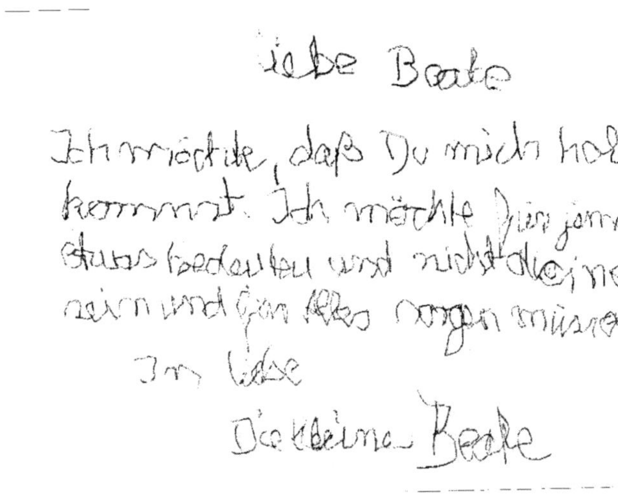
Liebe Beate

Ich möchte, daß Du mich holen kommst. Ich möchte Dir jemand etwas bedeuten und nicht kleine sein und Dir alles sagen müssen.

In Liebe

Deine kleine Beate

Es ist sehr wichtig bei dieser Übung, danach ALLES aufzuschreiben, was passiert ist. Auch wenn es im Moment so intensiv ist, man vergisst einfach zuviel mit der Zeit. Es hat sich auch gezeigt, dass Dinge, die man aufschreibt, einfach mehr Eingang ins Gehirn finden und leichter abzurufen sind. Es ist auch sehr hilfreich später nochmal nachlesen zu können oder zu vergleichen, wenn sich Etwas entwickelt hat!

Ich möchte nochmals dazu raten, Dir ein schönes A5 Notizbuch zu kaufen und darin die ganze Entwicklung festzuhalten! Dieses Buch ist nur für Dich und kann vorne z.B. den Satz stehen haben: Heute ist der Anfang meines neuen Lebens, selbstbestimmt und glücklich! Oder Glückstagebuch, oder was immer Dir einfällt für den Start in Dein neues Leben!

Sicher kennst Du auch das Gefühl „auf den Arm zu wollen“. An Tagen, wo Alles schief läuft und blöd ist, wenn es scheint als habe Dich keiner lieb und der Kollege Dir vielleicht „Dein Förmchen“ gestohlen hat, dann braucht das Kind in Dir Zuwendung. Es will nicht weiter verletzt werden, durch Diäten, es möchte ein bisschen betüddelt werden. Es hat Angst verlassen zu werden oder zuwenig Zuwendung zu bekommen. An solchen Tagen wende Dich intensiv dem Kind zu, überlege zum Beispiel mal, was es jetzt gerne essen würde. Dabei solltest Du Dir keine Grenzen setzen, in Form von Vorschriften, Kalorien usw. Du kannst Alles essen, was das Kind gerne möchte. Bitte lass Dich auf keinen Kompromiss ein, es ist sehr sehr wichtig, dass Du genau das ist, was das Kind jetzt essen möchte, sonst macht es keinen Sinn! Gönn Dir das Vergnügen und gestalte das Drumherum des Essens und auch das Essen selber, komplett so, wie es Deinem Kind gefallen würde. Spiel einfach mal Kindergeburtstag: Nimm einen Teller mit Kindermotiv, einen großen Löffel und iss dort, wo es sich geborgen anfühlt. Vielleicht auf der Couch, vielleicht im Bett, vielleicht möchtest Du ein Kuscheltier umarmen oder auf Deinem Schoß sitzen haben. Erlaube Dir Kind zu sein, zu schmatzen oder einen mit Schokolade verschmierten Mund zu haben. Kein Gedanke an „So Etwas tut man nicht“ , „Sprich nicht mit vollem Mund“ oder „Stopf nicht so“. Wie fühlt sich das an? Gib Deinem Kind doch einfach mal das Gefühl geliebt zu werden, egal wie albern, verschmiert oder zügellos es ist. Dies ist ein weiterer Schritt zu seiner und Deiner Heilung.

Zum Abschluss noch eine kleine, aber feine Fabel über das, was wir ursprünglich sind, wenn wir auf die Welt kommen. Frei von Geschichten, Sorgen und Vorurteilen, einfach nur liebende Wesen mit der Sonne im Herzen und im Kopf dem mutigen Gedanken des Alles-Könnens und des Geliebt-Werdens. Leider verlieren wir ihn relativ schnell und es dauert oft lange ihn wiederzufinden, aber es geht und genau das ist das Ziel unserer Arbeit!

Eine beinahe tragische Geschichte eines zarten Kobolds

Es war einmal ein zarter, kleiner Kobold. Er war ein sehr glücklicher Kobold, klug und neugierig, und er kannte die Geheimnisse des Lebens. Er wusste zum Beispiel, dass Liebe von entscheidender Bedeutung ist, dass Liebe harte Arbeit bedeutet, dass Liebe die einzig wahre Lebensmöglichkeit darstellt. Er wusste, dass er magische Dinge vollbringen konnte und dass diese einzigartige Art seiner Magie Kreativität genannt wurde. Der kleine Kobold wusste genau, dass es solange keine Gewalt geben würde, wie er wirklich kreativ war. Und er kannte das größte Geheimnis von allen - dass er Etwas war und nicht ein Nichts. Er wusste, dass er existierte und dass das Sein alles bedeutete. Das war das Geheimnis des „ICH BIN". Der Schöpfer aller Kobolde war der Grosse ICH BIN und wird es immer sein. Niemand wusste, wie oder warum das so war. Der Grosse ICH BIN war absolut liebevoll und schöpferisch.

Ein weiteres Geheimnis war das Geheimnis des Gleichgewichts. Es bedeutete, dass alles Leben aus einer Vereinigung der Gegensätze besteht. ES gibt kein Leben ohne den physischen Tod, keine Freude ohne Kummer, keine Lust ohne Schmerz, kein Licht ohne Finsternis, kein Geräusch ohne Stille, kein Gutes ohne das Böse. Wahre Gesundheit ist eine Form der Ganzheit. Und die Ganzheit ist heilig. Das große Geheimnis der Kreativität bestand darin, die wilde,ungezügelte schöpferische Energie in eine Form zu bringen, die dieser Energie eine Existenzberechtigung gibt.

♥

Eines Tages wurde unserem zarten Kobold, der übrigens Joni hieß, noch ein weiteres Geheimnis anvertraut. Dieses Geheimnis machte ihm ein bisschen Angst. Das Geheimnis war, dass er einen Auftrag ausführen muss-

te, bevor er sich wieder für alle Zeiten seiner schöpferischen Arbeit widmen konnte. Er musste seine Geheimnisse einem wilden Stamm von Nicht-Koboldenmitteilen. Das Leben der Kobolde war nämlich so gut und wunderbar, dass das Geheimnis dieses Wunders unbedingt mit denen geteilt werden musste, die nichts davon wussten. Das Gute will sich immer mitteilen. Jeder Kobold wurde zu einer Familie dieses wilden Stammes der Nicht-Kobolde zugeteilt, deren Mitglieder sich Snamuh (Humans – Menschen) nannten. Die Snamuh wussten nichts über die Geheimnisse. Sie vergeudeten häufig ihr Leben. Sie arbeiteten ständig und schienen sich nur dann lebendig zu fühlen, wenn sie etwas taten. Einige Kobolde nannten sie auch TUER. Sie brachten sich auch gegenseitig um und führten Kriege. Manchmal trampelten sie sich sogar bei Sport- und Musikveranstaltungen gegenseitig zu Tode.

♥

Joni kam am 29. Juni 1933 um 3.05 Uhr in seine Snamuh-Familie. Er hatte nicht die geringste Ahnung, was ihn erwartete. Er wusste nicht, dass er seine ganze Kreativität würde einsetzen müssen, um seine Geheimnisse mitteilen zu können. Als er geboren wurde, gab ihm den Snamuh-Namen Farquhar.

Seine Mutter war eine wunderschöne neunzehnjährige Prinzessin, die immer das Bedürfnis hatte, etwas zu tun. Auf ihr lastete ein seltsamer Fluch. Mitten auf der Stirn hatte sie eine Leuchtröhre. Immer wenn sie versuchte zu spielen, sich zu amüsieren oder einfach zu entspannen, leuchtete die Lampe auf und eine Stimme sagte: „Tu deine Pflicht!“ Es gab keinen Augenblick, in dem sie mal nichts tat und einfach nur lebte.

Farquhars Vater war ein kleiner, aber gutaussehender König. Auch auf ihm lastete ein Fluch. Er wurde von seiner bösen Hexenmutter Harriet heimgesucht. Sie *lebte auf seiner rechten Schulter. Immer wenn er einmal nur einfach sein wollte, schrie sie ihn an. Harriet befahl ihm immer etwas zu tun.*

♥

Damit nun aber Farquhar seinen Eltern und den anderen sein Geheimnis mitteilen konnte, mussten sie ruhig sein und lange genug nichts tun, um ihn zu sehen und ihm zuhören zu können. Aber das konnten sie nicht; seine Mutter wegen der Neonleuchte und sein Vater wegen Harriet. Von dem Moment an, in dem er geboren worden war, war Farquhar ganz allein. Da er den Körper eines Snamuh besaß, hatte er auch dessen Gefühle. Und weil man ihn so allein gelassen hatte, war er wütend, zutiefst enttäuscht und verletzt. Da saß er nun, ein zarter Kobold, der die großen Geheimnisse des ICH BIN kannte, und keiner wollte ihm zuhören.

Was er zu sagen hatte, war lebensspendend, aber seine Eltern waren so damit beschäftigt, ihre Pflicht zu tun, dass sie nichts von ihm lernen konnten. Sie waren so verwirrt, dass sie glaubten, sie müssten Farquhar auch beibringen, seine Pflicht zu tun. Jedesmal, wenn er etwas nicht getan hatte, von dem sie glaubten, dass es seine Pflicht gewesen wäre, bestraften sie ihn. Manchmal ignorierten sie ihn einfach, indem sie ihn in sein Zimmer sperrten. Manchmal schlugen sie ihn oder schrien ihn an. Das Schreien hasste Farquhar am meisten. Die Isolation konnte er aushalten, und die Prügel waren schnell vorüber, aber das Schreien und diese ständigen Vorhaltungen verletzten ihn so tief, dass sogar seine Koboldseele in Gefahr war.

Nun kann man natürlich die Seele eines Kobolds nicht zerstören, denn sie ist ja ein Teil des Großen ICH BIN; sie kann aber so schlimm verletzt werden, dass es so aussieht, als wäre sie gar nicht mehr da. Und das geschah mit Farquhar. Um überleben zu können,gab er alle Versuche auf, seinem Vater und seiner Mutter seine Geheimnisse mitzuteilen, sondern tat ihnen zuliebe seine Pflicht.

♥

Seine Mutter und sein Vater waren sehr unglückliche Snamuh. (Im Grunde waren die meisten Snamuh unglücklich, es sei denn, sie kannten die Geheimnisse der Kobolde.)

♥

Farquhars Vater wurde von Harriet so gequält, dass er seine ganze Kraft dafür einsetzte, einen Zaubertrank zu finden, der ihm alle Gefühle nahm. Aber dieser Zauber hieß nicht Kreativität. Er nahm ihm sogar seine Kreativität weg. Farquhars Vater verwandelte sich ineinen „wandelnden Toten". Nach einer gewissen Zeit kam er nicht einmal mehr nach Hause. Farquhar Snamuhs Herz war gebrochen. Jeder Snamuh braucht nämlich sowohl die Liebe seines Vaters als auch die seiner Mutter, damit der Kobold in ihm seine Geheimnisse preisgeben kann.

♥

Farquhar war wie erschlagen, weil sein Vater ihn verlassen hatte. Und da der Vater auch der Mutter nicht mehr helfen konnte, blinkte die Neonröhre immer heftiger. Das hatte zur Folge, dass Farquhar immer häufiger angeschrien wurde. Als er zwölf Jahre alt war, hatte er vergessen, dass er ein Kobold war. Ein paar Jahre später lernte er den Zaubertrank kennen, mit dem sein Vater versucht hatte, Harriets Stimme zu übertönen. Mit vierzehn benütze er ihn selbst häufig.

Als er dreißig war, musste man ihn in ein Snamuh-Krankenhaus einliefern. In diesem Krankenhaus hörte er eine innere Stimme, die ihn aufweckte. Und diese Stimme war die „Seins"-Stimme seiner Koboldseele. Denn ganz gleich, wie schlimm es wird,immer ruft die Koboldstimme einen Snamuh dazu auf, sein Sein zu feiern. Joni gab nicht auf, sondern versuchte immer wieder, Farquhar zu retten. Wenn Sie ein Snamuh sind und dies lesen, dann denken Sie immer daran, dass sie eine Koboldseele haben, die Sie immer an Ihr Sein erinnern will.

♥

Als Farquhar im Krankenhaus lag, hörte er endlich Jonis Stimme. Und das war der Wendepunkt. Und der Anfang einer anderen, besseren Geschichte...

(Aus: „Das Kind in uns. Wie finde ich zu mir selbst" von John Bradshaw)

♥♥♥♥♥

Ich möchte noch den wichtigen Hinweis anfügen, dass ich es für gut und richtig halte, wenn weitergehende Übungen und die Arbeit mit dem **Inneren Kind** innerhalb einer angeleiteten Selbsthilfegruppe oder mit Hilfe eines spezialisierten liebevollen Coaches oder Therapeuten gemacht werden, denn es sind manchmal sehr heftige tiefsitzende Gefühle, die zum Vorschein kommen werden und damit sollte man nicht alleine sein und sie auch anschließend besprechen können.

Es gibt aber auch noch einige Tipps, wie Du die Arbeit mit dem „Inneren Kind" alleine in Deinen Alltag integrieren kannst und somit jeden Tag spielerisch an Deiner Heilung arbeitest. Die Übung mit dem Brief sollte aber auch hier am Anfang stehen!

Hier noch eine Erklärung der oben erwähnten Begriffe:

Innere Eltern : Das sind die realen Eltern, die später zu inneren Eltern werden, indem wir ihre Denkweisen und Glaubenssätze übernehmen. Sie sitzen wie der sogenannte „Kleine Mann im Ohr“ irgendwo in uns drin und kommentieren jede Situation mit ihrer persönlichen Meinung, die wir aber inzwischen für unseren eigenen Verstand halten.

Innerer Kritiker: Er ist eine Gefühlsfigur, die sehr viel Schmerz in uns auslösen kann, da er sich zur Aufgabe gemacht hat uns unsere Fehler und Schwächen immer wieder vor Augen zu halten. Er kennt kein Pardon, da er der Meinung ist uns damit zu schützen, indem er „realistisch“ ist und uns die Fehler aufzeigt, bevor es ein Anderer tut!

Innerer Boykotteur: Man könnte Sie auch Wächter nennen, denn sie boykottieren jede Veränderung zum Besseren in unserem Leben, weil sie uns beschützen möchten. Sie möchten verhindern, dass wir als Erwachsene in Kontakt mit dem Inneren Kind und somit mit unserem Schmerz, kommen. Ich erlebe das oft in meiner Praxis, das Termine aus fadenscheinigen Gründen abgesagt werden, sobald die Klienten merken, dass die Arbeit sehr effektiv ist und und es tatsächlich zu einer positiven Veränderung kommt! Unser Innerer Boykotteur möchte unseren Erfolg verhindern, denn schließlich gibt es einen Grund in uns warum wir dick sind und wovor uns unser Dicksein schützt! (Siehe auch Kapitel 4 – Ursachen für Essstörungen)

„Wenn die Richtung stimmt, müssen wir einfach immer nur weitergehen!“

(Buddhistisches Sprichwort)

Kapitel 6

Selbstliebe

„Sich selbst zu lieben ist der Beginn einer lebenslangen Romanze"

(Oskar Wilde)

Leider wird der Begriff Selbstliebe oft missverstanden! Viele denken dabei zuerst einmal an Egoismus, Überheblichkeit und manche an Selbstbefriedigung! Dabei ist es die Grundlage dafür, Andere lieben zu können! Es hat nicht das Geringste mit Narzismus zu tun, denn jeder, der sich selber liebt ist eine Bereicherung für seine Umwelt, für unser Leben, unsere Mitmenschen und auch die Gesellschaft. Zu Unrecht wehren wir uns oft dagegen uns selber zu lieben, um nicht für selbstsüchtig und egoistisch gehalten zu werden.

Es geht hier darum, zu lernen, sich um seine Bedürfnisse zu kümmern - denn das ist nicht selbstgefällig, sondern lebenswichtig! Wenn es uns selbst an allen Dingen mangelt, wie könnten wir dann etwas geben? Wie können wir gut für Andere sorgen und liebevoll mit Ihnen umgehen, wenn wir uns selber ausgebeutet und leer fühlen. Auch für die Empfänger Deiner Gaben wird es einfacher sie anzunehmen, wenn sie spüren, dass es von Herzen kommt, aus einem glücklichen, befriedigten Herzen,

und sie sich nicht ständig schuldig fühlen müssen, Dich zu überfordern. Denn wie soll ein „hungriges Herz“ ein anderes Herz liebevoll „füttern“?
Gut mit Dir umzugehen bedeutet auch, dass Du Dein Leben selbst in die Hand nimmst und Deine Ziele, Träume und Wünsche verwirklichst.

Ich bin sicher, dass ein Jeder sich tief in seinem Herzen danach sehnt, von Anderen geliebt und gemocht zu werden. Um diese Liebe, Zuneigung und Anerkennung zu bekommen, investieren wir eine Menge Zeit und Energie. Oft tun wir Dinge dafür, die uns nicht gut tun, oder geben unsere eigenen Wünsche oder Denkweisen auf, damit wir geliebt werden.

Unsere eigene Liebe zu anderen Menschen kann demjenigen sehr gut tun, aber wir nutzen sie auch manchmal als Belohnung für ein Verhalten, das wir uns vom Anderen gewünscht und bekommen haben oder entziehen demjenigen, der sich nicht erwartungsgemäß verhält unsere Zuneigung.

Geht es aber um das Thema Selbstliebe, tun wir uns äusserst schwer. So sehr wir auch von Anderen geliebt werden möchten, wir selber tun das leider in den seltensten Fällen. Die Meisten von uns denken, dass wir es erst verdient haben von uns selber geliebt zu werden, wenn wir perfekt sind, dazu gehört es auch schlank zu sein.

Durch die Liebe zu uns selbst machen wir uns unabhängig von der Zuneigung der Menschen in unserem Leben. Wir müssen daher auch nicht ängstlich sein, aufgrund unserer eigenen Meinung, die möglicherweise nicht der Meinung aller Anderen entspricht, jemanden zu verlieren. Wir verlieren die Angst vor Ablehnung, was sehr grossen Einfluss auf unseren Umgang mit anderen Menschen hat.

Wenn wir uns selbst lieben, verändert sich dadurch unsere gesamte Ausstrahlung, wir wirken auf Andere positiv und liebevoll. Durch das Wissen um unseren eigenen Wert, den wir dann sehr schätzen, empfinden uns unsere Mitmenschen als stark und in sich gefestigt, woraufhin uns mit Respekt begegnet wird. Wobei Respekt in diesem Zusammenhang überhaupt Nichts mit angstvoller Zurücknahme zu tun hat, sondern damit, dass Niemand ständig unsere Grenzen übertritt.

Wir können unseren Mitmenschen dann grundsätzlich viel freier und offener entgegentreten, da wir nicht mehr abhängig von ihrer Zuneigung sind, uns aber sehr über Zuneigung freuen, wenn sie uns freiwillig und ohne Bedingungen geschenkt wird. Wir erkaufen sie nicht, durch Anpassung und Zurückhaltung der eigenen Meinung. Gleichzeitig entsteht eine große Freiheit dadurch, dass man Anerkennung und Zuwendung als Geschenk sieht und sie nicht vom Anderen erwartet, denn wer etwas erwartet, der kann auch enttäuscht werden. Und wer enttäuscht ist, fühlt sich leicht gekränkt, verletzt und wütend. Wer Nichts erwartet kann viel öfter positiv überrascht sein!

Wer sich selbst liebt, kann sich auch selbst vergeben. Mit dem Ende der Selbstverurteilung unserer Fehler der Vergangenheit endet auch unsere Angst vor dem Scheitern zukünftiger Projekte oder aktueller Aufgaben. Wir werden angstfreier und unperfektionistischer, denn so manches wundervolle Projekt kam niemals zustande, weil der Erfinder aus Angst vor dem Misserfolg erst garnicht damit in die Öffentlichkeit gegangen ist. Sicherlich ist uns eine Menge Großartiges dadurch entgangen. Wohingegen Menschen, die sich ihrer Selbst und ihrer Sache sicher sind, uns tolle Dinge beschert haben, wie z. B. Thomas Alva Edison, der erst nach dem 5000. Versuch die Glühbirne erfand. Aber er jammerte nicht über diese vielen Fehlschläge, sondern sagte danach: Es ist toll, jetzt kenne ich 4999 Wege, wie man keine Glühbirne erfindet!

Wer an sich selber derart glaubt, der lässt sich von keiner Kritik von Anderen und auch nicht von vielen Fehlschlägen entmutigen, sondern macht sein Ding. Woran man sehen kann, dass Selbstliebe Nichts, aber auch Garnichts mit Egoismus zu tun hat, denn die Welt profitiert von unseren Gaben und Talenten. Warum sollten wir sonst mit bestimmten Fähigkeiten geboren sein? Sie den Menschen und der Welt zur Verfügung zu stellen, das ist ihr Sinn und somit auch der Sinn unseres Daseins. Eine Blume macht uns soviel Freude durch ihre bloße Existenz, es wäre doch schade, wenn sie aus Bescheidenheit auf das Blühen verzichten würde, oder?

Durch die Liebe zu uns selber, ruhen wir dermaßen in uns und haben unendlich viel Vertrauen ins Leben, dass wir viel toleranter mit anderen Menschen umgehen können. Wir fühlen uns nicht bedroht durch anders Denkende oder Menschen, die ihr Leben anders gestalten als wir. Wir können den Partner mit seinen Ecken und Kanten leichter annehmen, da wir sein Verhalten nicht immer automatisch auf uns selbst beziehen und dann nicht mehr geliebt fühlen.

Der für mich wichtigste Aspekt der Selbstliebe ist es sich selber für liebenswert zu halten, also für „Wert geliebt zu werden“, was natürlich beeinhaltet, dass ich mich selber auch gut behandele. So wie ich mit einem Menschen eben umgehe, den ich liebe - ich möchte ihm nicht schaden und kümmere mich liebevoll um sein Wohlergehen! Wenn wir aus Liebe und Wertschätzung genauso mit uns selbst und unserem Körper umgehen, brauchen wir keine Vorgaben mehr, wie wir abnehmen können oder uns besser fühlen. Wir werden automatisch gesünder essen und trinken, uns um genügend Schlaf und Bewegung kümmern und dafür Sorge tragen, dass

Menschen, Dinge und Situationen, die uns nicht zuträglich sind, aus unserem Leben verschwinden.

Ein zufriedener Mensch wird ganz anders und viel liebevoller mit Anderen umgehen, als Einer, der sich ständig als Opfer fühlt und den Grundgedanken im Herzen hat: Ich bin es garnicht wert geliebt und respektiert zu werden. Man kann sich vorstellen, wie so jemand durch die Welt läuft. Er wird neidisch sein auf alle, die mehr „Glück“ in Liebe und Beruf haben, ohne zu erkennen, dass auf seiner Stirn geschrieben steht : Geht schlecht mit mir um, ich habs nicht anders verdient!
Natürlich wird keiner von uns jetzt auf Anhieb sagen, dass er genau das über sich denkt. Es ist auch ziemlich tief im Unterbewusstsein verborgen und ist mehr so eine leise Stimme, die uns souffliert! Oder wie früher in der Weichspülerwerbung das Engelchen und das Teufelchen auf der Schulter! In diesem Fall ist es leider nur ein Teufelchen, dass jede Situation kommentiert mit Sprüchen wie:

- lass es, Du schaffst es sowieso nicht
- wenn Du wieder versagst, werden Dich alle auslachen
- fang doch Montag an gesund zu leben, Du hast Dir die ganze Tafel Schokolade verdient
- behalt den miesen Job lieber, Du findest sowieso nichts Besseres
- so wie Du aussiehst will Dich sowieso kein Mann/keine Frau haben
- Komm mal wieder auf den Boden der Tatsachen zurück

Das Fatale ist, dass wir schon so daran gewöhnt sind, uns selber abzuwerten, dass wir das Alles garnicht mehr so richtig wahrnehmen oder denken, dass kommt vom Verstand und dann stimmt es auch. Wir halten uns sogar für extrem vernünftig und vor Allem für realistisch! Das ist einer der meist erwähnten Ausreden, warum man nicht die Dinge in seinem Leben verwirklichen kann, die man gerne machen oder erleben möchte. Auf die Frage: „Warum fängst Du nicht jetzt an Deinen Traum zu verwirklichen ?“ kommen immer die tollsten Ausflüchte, warum genau es jetzt gerade nicht geht, irgendwann mal, aber jetzt passt es gerade garnicht! Und „Ich bin halt realistisch“ führt die Hitparade an! Da wird realistisch mit den negativen Glaubenssätzen in unserem Kopf verwechselt.

Selbstliebe bedeutet für Dich aber vor Allem eins:

Sei nett zu Dir
Habe Verständnis für Dich
Ermutige Dich
Vergib Dir
Tröste Dich
Sei Dir selber der beste Freund

Menschen, die sich lieben, feiern sich an guten Tagen,verwöhnen sich an schlechten Tagen und trösten sich in traurigen Zeiten.

Eine der schönsten Erklärungen zum Thema las ich in der Zeitschrift „Zufallmagazin“ in der Reihe „Potaf’s Welt“! Aber lese und geniesse selber. Ich kann jedenfalls garnicht genug davon bekommen !

Schön, dass es mich gibt!

Das Gefühl war plötzlich da. Schmetterlinge in meinem Bauch. Kein Appetit und trotzdem immer satt. Jederzeit ein Lächeln auf den Lippen, egal, was ist.

Was ist nur los mit mir?

Fremde Menschen auf der Strasse lächeln mich an, auf einmal stört mich meine Nase nicht mehr, sie ist genau richtig, wie sie ist.

Meine Haare sitzen perfekt, weder zu glatt noch zu kraus. Und erst meine Haut - schön wie all die Falten von meinem Leben erzählen!

Oft ist es wichtig, inne zu halten und solche Gefühle und Gedanken bewusst wahrzunehmen. Und ganz ehrlich zu sich sein. Eigene Schwächen erkennen, annehmen und diese in Stärken umwandeln.

Ich fühle ein inneres Strahlen, alles geht mir so leicht von der Hand. Das kann nicht ich sein. Bin ich etwas krank? Fehlt mir etwas? Nein, mir fehlt nichts. Ich lebe in Fülle. Ich bin verliebt!!

Verliebt in einen wunderbaren Menschen. Er ist einzigartig auf dieser Welt.
Ich kenne ihn schon so lange. Und doch entdecke ich immer wieder eine neue Seite an ihm. Dass Zusammenleben mit ihm ist so schön, obwohl es manchmal auch mühsam ist.
Mühsam dann, wenn ich seine Schwächen erkenne, ganz offen annehme und dazu stehe.

Ich bin verliebt in MICH!!!

Ich bin der einzige Mensch, mit dem ich mein ganzes Leben lang
zusammen bin. Und vor mir selbst kann ich nicht weglaufen.

Schön, wenn ich daher ja zu mir sagen kann.

JA - es ist wunderschön, dass ich bin, wie ich bin.

Viele Menschen können sich selbst nicht lieben und leiden darunter. Man zweifelt an sich, fühlt sich minderwertig, traut sich wenig zu oder hasst sich sogar. Die Fähigkeit zur Selbstliebe ist so blockiert, dass wir sie regelrecht erlernen müssen.

Wie Charles Darwin es nannte, sind wir wie Tiere, die im Zoo grossgeworden sind, und die Beklemmung ihrer Gefangenschaft spüren, aber über dieses schlummernde Gefühl nicht hinauskommen, da sie wirkliche Freiheit nie erlebt haben.

Wie also sollen wir uns selber lieben, wenn wir es nie gelernt und erlebt haben und auch bei den Eltern nicht abschauen konnten? Sobald wir wissen, was uns fehlt, können wir auch dafür sorgen, dass wir es bekommen. Wenn Du also irgendwie das Gefühl hast es stimmt was nicht in Deinem Leben, wie z.B. das emotionale Essen, oder ein latentes Unglücklichsein, dann entsteht ein Leidensdruck, der uns in die richtige Richtung führt. Mit Glück kommst Du zum Thema Selbstliebe und merkst dann recht schnell was Dir fehlt! Und es ist definitiv nicht mehr zu Essen oder die nächste Diät!

Nach dem Motto „Problem erkannt - Problem gebannt“ kannst Du jetzt damit beginnen, Dir selber Liebe und Respekt entgegenzubringen. Ein sehr guter Ansatz sind Übungen in Kapitel 9, also die Arbeit mit Affirmationen und Transformation der Glaubenssätze. Die Turbo-

Methoden allerdings sind das Kennenlernen des Inneren Kindes und seine liebevolle „Adoption"! (Siehe Kapitel 5) Auch sehr effektiv ist die Meridian-Tapping -Übung in Kapitel 17!

Wenn wir uns erst selbst lieben können, wird das Leben für uns glücklicher und leichter (im wahrsten Sinne des Wortes) und auch der Umgang mit anderen Menschen wird unkomplizierter. Viele Probleme im äußeren Leben lösen sich von selbst.

Mangelnde Selbstliebe ist die Hauptursache von Essstörungen, wie von allen Suchtkrankheiten und psychischen Problemen. Das entsteht auf vielfältige Weise und hat meistens ihren Ursprung in einer Kindheit, in der es an Liebe, Geborgenheit, Respekt, Anerkennung und/oder Fürsorge mangelte und in der man viele destruktive Botschaften mit auf den Weg bekam.

Es macht allerdings wenig Sinn, seinen Eltern oder Erziehungspersonen deswegen böse zu sein und ihnen Vorwürfe zu machen, denn sie haben zu dem Zeitpunkt, das getan, was sie für richtig hielten oder erbringen konnten. Die heutigen Vorwürfe würden uns nur in eine Opferrolle drängen, aber die frühere Situation nicht mehr ändern.

Die sicherste Art ein Problem zu behalten ist, Anderen die Schuld dafür in die Schuhe zu schieben. Finde doch bitte heraus, was Deine Eltern für eine Kindheit hatten. Falls das nicht mehr möglich ist, überlege Dir doch mal, wie diese Kindheit wohl gewesen sein muß, damit aus ihnen der Mensch wurde, der sie sind/waren.
Wofür soll das gut sein? Ganz einfach, um Verständnis und Mitgefühl für ihre Handlungen, Fehler oder Versäumnisse zu entwickeln. Denn nur mit Verständnis und

Mitgefühl kann Vergebung erfolgen. Und den Eltern zu vergeben ist ein wichtiger Schritt auf dem Weg zur Heilung, denn wenn wir von ihnen Perfektion verlangen, verlangen wir das auch von uns selber.

Treffe doch genau jetzt die Entscheidung es zu ändern und Dein Leben bewusst neu zu gestalten. Du bist nicht mehr abhängig von Erwachsenen, Du bist heute selber verantwortlich dafür Dir Liebe, Geborgenheit, Respekt, Anerkennung und Fürsorge zu schenken.

Selbstliebe ist auch die Vorraussetzung für eine glückliche Partnerschaft, denn wie sollen wir einen anderen Menschen lieben und ihm vertrauen, wenn wir es nichtmal bei uns selber schaffen! Das ist unmöglich! Stattdessen laufen wir umher und suchen jemanden, der uns lieben soll, bzw. die Liebe geben soll, nach der wir suchen! Auch das ist unmöglich, denn unser Liebesbedarf ist unersättlich, er überfordert jede Partnerschaft. Wir können diese Liebe nicht ausserhalb finden, sondern nur in uns selber. Wie soll uns jemand attraktiv und liebenswert finden, wenn wir es nicht tun. Wir machen uns abhängig von der Meinung des Partners und aller anderen Menschen in unserem Umfeld. Ohne Selbstliebe kann ich nicht frei sein, denn wenn mein Wohlbefinden davon abhängt, was Andere für mich tun oder nicht, was sie mir geben oder nicht, dann mache ich mich zum Spielball der Geschehnisse und Umstände, auf die ich keinen Einfluss habe. Das lässt mich wie ein Opfer fühlen, hilflos und unglücklich!

Andere können uns ein Hochgefühl verschaffen, wenn sie uns loben und Dinge tun oder schenken, bei denen wir uns geliebt fühlen. Sie können aber auch Dinge tun, bei denen wir uns sehr schlecht fühlen, wenn wir uns nicht beachtet oder „gesehen“ fühlen. Das findet oft nur in unserem Kopf statt!

Es gibt Frauen, die sehen wundervoll aus und fühlen sich hässlich. Zudem behaupten sie, dass ihr Partner ihnen niemals Komplimente macht, was dieser auf Nachfrage absolut nicht verstehen kann. Offensichtlich kann diese Frau weder die Komplimente des Mannes, noch Ihr wirkliches Spiegelbild erkennen, so sehr ist sie verstrickt in ihrem Selbsthass und sieht durch eine Brille von negativen Sätzen.

Unser Selbstbild wirkt wie ein Filter oder eine Brille, der alles ausblendet, was nicht in unsere Vorstellung passt, die wir von uns erlernt haben. Das ist schon eine Art Wahrnehmungsstörung, wie sie bei Magersüchtigen oft vorkommt. Wir alle haben schon Bilder von Frauen gesehen, die fast zum Skelett abgemagert vor einem Spiegel standen und sich zu „fett“ fanden. Es ist für uns unfassbar, zeigt aber deutlich was uns ein falsches Selbstbild alles vorgaukeln kann!

Es gibt eine Stelle in der Bibel, die besagt:

Liebe Deinen Nächsten wie Dich selbst!

Und genau das ist das Dilemma: Wenn wir uns nicht selber lieben - dann können wir auch niemand Anderen lieben!

Vielleicht wäre es treffender zu sagen:

Liebe Dich selbst wie Deinen Nächsten!

Auch wenn wir Andere nicht immer lieben, neigen aber gerade wir Frauen extrem dazu, uns aber um andere und deren Wohlbefinden sehr ausgiebig zu kümmern. In der Regel sehr viel besser als um uns selber! Es gibt soviele Menschen, die sich für andere aufopfern, in der Hoffnung sich damit Liebe und Anerkennung „erkaufen“ zu wollen. Auch das funktioniert so gut wie nie.

Wenn sich ein Mutter für ihre Kinder und ihren Mann so sehr auf"opfert", dass es ihr selber nicht mehr gut geht, sie keine freie Minute mehr hat bzw. sich gönnt, dann wird sie immer weiter in eine Spirale aus Gereiztheit, Müdigkeit, Lustlosigkeit und vielem mehr geraten. Sie wird ärgerlich auf Mann und Kinder, die ihr „Opfer" vielleicht nicht genug würdigen und die ganze Familiensituation gerät ins Wanken.

Oft wird dann irgendwann auch mit Ersatzbefriedigungen „geholfen", wie zum Beispiel zuviel Essen, zuviel Alkohol, Kegeltouren mit Männerbekanntschaften und Frustkäufen! Das ist ein Teufelskreis, der oft zu Scheidung und Unglück für alle Beteiligten führt. Gerne wird dann auch behauptet, das Alles doch nur aus lauter Liebe zu den Kindern gemacht zu haben, dabei ist das Gegenteil der Fall, es passierte aus mangelnder eigener Anerkennung und eigener Wertschätzung, gepaart mit dem Gefühl sich die Liebe seiner Familie erarbeiten zu müssen, da man ansonsten nicht liebenswert ist!

Man kann im Prinzip jede Handlung eines Menschen in einer von 2 Kategorien unterbringen, entweder handelt er aus Liebe, oder es ist ein Schrei nach Liebe!

Eine wunderbare Übung auf dem Weg zur Selbstliebe ist es zu lernen „Nein" zu sagen! Das hört sich einfach an, als es ist, aber wie oft sagen wir „Ja" und meinen eigentlich „Nein". Wenn wir uns so sehr auf den Feierabend freuen und der Chef kurz vorher mit einer super dringenden Sache hereinkommt und Dich bittet länger zu bleiben. Er macht das mit den Worten: Sie sind die Einzige hier, auf die ich mich verlassen kann und die mit dieser Thematik bestens vertraut ist! Garnicht so einfach da abzulehnen, wenn die Forderung in ein Lob eingewickelt ist! Oder die Nachbarin fragt uns ob wir am

Sonntag mal kurz auf ihr Kind aufpassen können, es passt uns eigentlich nicht so recht, da wir geplant haben, den ganzen Tag im Bett zu bleiben und zu lesen, aber ist das wirklich so wichtig und macht man sowas eigentlich?

Fakt ist, dass wir oft genug Ja sagen, weil wir jemandem gefallen (geliebt werden) wollen, einen guten Eindruck machen wollen oder einfach einen Konflikt vermeiden! Fakt ist aber auch, dass ein jedes dieser ungewollten Ja's ein Nein zu uns selber ist. Da muss man halt manchmal Priotitäten setzen, denn man kann es sowieso nicht jedem Recht machen. Hat man 9mal Ja gesagt und auf das Kind aufgepasst, kann es passieren, dass beim 10ten Mal die Absage und das Nein sehr schlecht ankommen. Du wirst wohlmöglich als egoistisch beschimpft und die Nachbarin ist stinkesauer auf Dich. Für jemanden, der sich gerade in Selbstliebe übt eine schwierige Situation, in der es sich aber lohnt hart zu bleiben, denn es wird jedesmal einfacher. Hat man aber noch den Glaubenssatz in sich, ein schlechter Mensch zu sein, dann trifft das Gezeter der Nachbarin auf fruchtbaren Boden.

Gerade mit dem Vorwurf des Egoismus, lassen wir uns gerne treffen! Aber Selbstliebe und Egoismus haben nichts miteinander zu tun. Eine schöne Erklärung zur Unterscheidung von Bärbel Mohr lautet:

Wer sich selbst liebt, beginnt zu spüren und zu erkennen, was er selbst am Meisten braucht und handelt danach. Wer egoistisch ist, sucht ständig Andere, die ihm unablässig geben sollen, was er zu brauchen glaubt!

Viele Menschen meinen da ein tolles Hintertürchen gefunden zu haben - die Notlüge! Aber ist es wirklich ein Notfall, Angst davor zu haben von jemandem Nicht mehr geliebt oder gemocht zu werden, weil man ihm nicht zu Willen ist? Ich denke, dass er eher ein Notfall ist so zu denken! Denn damit stellst Du Deine Bedürfnisse hinter die des Anderen und traust Dich aber nicht dazu zu stehen. Weil Du denkst nicht wichtig zu sein. Das ist eine Bescheidenheit, die schon fast eine Krankheit ist. Du bist der wichtigste Mensch in Deinem Leben! Hier noch eine wunderschöne Affirmation dazu:

Ohne mich und mein Sein ist die Welt nicht vollständig

Am Ende des Buches gibt es einen Link zu den Downloads, dort kannst Du Dir Karten mit schönen Selbstliebe-Sätzen herunterladen. Am Besten dann ausschneiden und an einer Stelle aufhängen, wo Du immer hinschaust, oder auf stärkerem Papier drucken und wie ein Kartenset nutzen.Dann ziehst Du jeden Tag eine andere Karte, die Du dann den ganzen Tag bei Dir trägst und immer wieder laut vorliest was draufsteht!

Die meisten Menschen sehnen sich danach, von Anderen gemocht und geliebt zu werden. Wir verwenden sogar sehr viel Zeit und Energie darauf, Dinge zu tun, um die Zuwendung, Anerkennung und Liebe Anderer zu bekommen. Einige geben sich, ihre Meinung und ihre Wünsche sogar ganz auf, nur um von anderen Menschen geliebt zu werden.

Dazu passt ein Gedicht von Charlie Chaplin, das er anlässlich seines 70. Geburtstages am 16. April 1959, verfasste:

Als ich mich selbst zu lieben begann,
habe ich verstanden, dass ich immer und bei jeder Gelegenheit,
zur richtigen Zeit am richtigen Ort bin
und dass alles, was geschieht, richtig ist -

von da an konnte ich ruhig sein.
Heute weiß ich: Das nennt man **VERTRAUEN.**

Als ich mich selbst zu lieben begann,
konnte ich erkennen, dass emotionaler Schmerz und Leid
nur Warnungen für mich sind, gegen meine eigene Wahrheit zu leben.
Heute weiß ich: Das nennt man **AUTHENTISCH SEIN.**

Als ich mich selbst zu lieben begann,
habe ich aufgehört, mich nach einem anderen Leben zu sehnen
und konnte sehen, dass alles um mich herum eine Aufforderung zum Wachsen war.
*Heute weiß ich, das nennt man „**REIFE**“.*

Als ich mich selbst zu lieben begann,
habe ich aufgehört, mich meiner freien Zeit zu berauben,
und ich habe aufgehört, weiter grandiose Projekte für die Zukunft zu entwerfen.
Heute mache ich nur das, was mir Spaß und Freude macht,
was ich liebe und was mein Herz zum Lachen bringt,
auf meine eigene Art und Weise und in meinem Tempo.
Heute weiß ich, das nennt man **EHRLICHKEIT.**

Als ich mich selbst zu lieben begann,
habe ich mich von allem befreit, was nicht gesund für mich war,
von Speisen, Menschen, Dingen, Situationen

und von Allem, das mich immer wieder hinunterzog,
weg von mir selbst.
Anfangs nannte ich das „Gesunden Egoismus“,
*aber heute weiß ich, das ist „**SELBSTLIEBE**“.*

Als ich mich selbst zu lieben begann,
habe ich aufgehört, immer recht haben zu wollen,
so habe ich mich weniger geirrt.
Heute habe ich erkannt: das nennt man ***DEMUT****.*

Als ich mich selbst zu lieben begann,
habe ich mich geweigert, weiter in der Vergangenheit zu leben
und mich um meine Zukunft zu sorgen.
Jetzt lebe ich nur noch in diesem Augenblick, wo ALLES stattfindet,
so lebe ich heute jeden Tag und nenne es ***„BEWUSSTHEIT“****.*

Als ich mich zu lieben begann,
da erkannte ich, dass mich mein Denken
armselig und krank machen kann.
Als ich jedoch meine Herzenskräfte anforderte,
bekam der Verstand einen wichtigen Partner.
Diese Verbindung nenne ich heute ***„HERZENSWEISHEIT“****.*

Wir brauchen uns nicht weiter vor Auseinandersetzungen,
Konflikten und Problemen mit uns selbst und anderen fürchten,
denn sogar Sterne knallen manchmal aufeinander
und es entstehen neue Welten.
Heute weiß ich: ***DAS IST DAS LEBEN !***

Umgib Dich mit Menschen

- ♥ die Dein Herz berühren
- ♥ die Dich unterstützen
- ♥ die liebevoll mit Dir umgehen
- ♥ die Dir Mut machen
- ♥ die Dir sagen wie wunderbar Du bist
- ♥ die für Dich da sind, wenn Du Hilfe brauchst

Verzichte auf Menschen

- die Dir nicht gut tun (Dein Herz fühlt das)
- die Dir sagen, dass Du realistischer sein solltest
- die Dir sagen, dass Du anders sein solltest, als Du jetzt bist (dicker, dünner, schöner, schlauer, sportlicher, taffer, ruhiger, lauter usw.)
- dich nicht so lieben wie Du bist
- die immer nur rummäkeln und das Leben schwierig finden
- die sich immer als Opfer der Umstände fühlen

Schaffe Platz für respektvolle, liebevolle und positive Menschen in Deinem Leben! Mach Frühjahrsputz in Deinem Freundeskreis. Entrümpel den Freundes-Keller, vielleicht sind da noch einige verstaubte Exemplare, von denen Du immer dachtest, vielleicht bereue ich es irgendwann, wenn ich sie entsorgt habe. Jetzt wäre ein guter Zeitpunkt dafür. Sicher kennst Du das befreiende Gefühl, wenn man entrümpelt, durchgewischt und gelüftet hat. Es fühlt sich wie ein Neustart an, als wenn einem plötzlich alle Möglichkeiten offen stehen. Genauso ist es auch beim Entrümpeln des Freundeskreises. Wichtig dabei ist aber, es mit Dankbarkeit und Liebe zu tun, nicht mit Groll und Wut. Jeder, der Deinen Weg gekreuzt hat, hatte eine Aufgabe in Deinem Leben und nichts war sinnlos. Darum hat es vor einiger Zeit noch gepasst, was nicht heisst, dass es das heute auch noch tut. Daran ist keiner von Euch schuld - es passt ganz einfach nicht mehr. So geht jeder fröhlich seiner Wege und hat dadurch die Chance auf eine Freundschaft, die jetzt viel besser in sein Leben passt! Das ist doch wunderbar!

In der Hungriges-Herz-Gruppe gab es eine Frau, deren „Freundinnen“ ihr Dinge sagen, wie: „Du hast aber mal

wieder kräftig zugelegt“ oder „Du sahst auch schon mal besser aus“ usw...! Das Schlimmste an der Sache ist, dass sie es richtig und normal findet, denn sie und ihre sogenannten Freundinnen sind der Meinung, dass Menschen es nötig haben, per „Arschtritt“ zum Abnehmen animiert zu werden. Es gibt überhaupt keine Anhaltspunkte oder Beweise dafür, dass so Etwas jemals zum Erfolg geführt hätte, eher das Gegenteil ist der Fall!
Etwas zu tun oder zu lassen um von Anderen nicht schlecht behandelt zu werden, ist eine völlig falsche Motivation und basiert auf dem Denken:
Ich bin zu dumm, undiszipliniert und antriebslos und selber zu wissen, was ich möchte, was für mich gut ist und was mir guttut. Ich schaffe es ja nicht einmal abzunehmen, kein Wunder dass ich nicht respektiert, sondern beleidigt werden! Ich habe es nicht besser verdient!

Dieses Denken ist dann sicherlich einer Deiner Glaubenssätze, denn sich mit Freunden oder Partnern zu umgeben, die nicht gut mit uns umgehen, grenzt schon an Masochismus, also dem Wunsch schmerzhaft behandelt zu werden. Jeder, der sich selber liebt und wertschätzt, würde so Etwas in seinem Leben nicht dulden. Aber wenn Du selber so über Dich denkst, kann man es auch Niemandem verdenken so zu handeln, denn Du hast ein Schild um, auf dem steht: Behandel mich schlecht, ich tue es auch, da ich es nicht besser verdient habe.

Dieses Denken lässt sich mit den wunderbaren Affirmationen auf den Karten und mit vielen Anderen, die Dir selber noch einfallen, sehr gut bearbeiten.

„Solange jemand zur Selbsterneuerung fähig ist, ist er ein lebendes Wesen!“

(Henri-Frédéric Amiel, Philosoph und Schriftsteller, 1821-1881)

Kapitel 7

Die Macht der Gedanken

„Erfolg ist kein Ort, an dem man ankommt, sondern eine Geisteshaltung, in der man die Reise unternimmt und fortsetzt"

(Alex Noble)

Durch positive Sätze und Formulierungen, den sogenannten Affirmationen (Kapitel 8) kann man sein Bewusstsein beeinflussen und verändern. Sie haben Auswirkungen auf unsere Handlungen und auf unseren Körper, denn die Wissenschaft hat inzwischen die Wechselwirkung von Gehirn, Gedanken und dem Körper nachgewiesen.

Am Beispiel der Emotionen Sorge und Angst, kann man es selber sehr gut nachvollziehen, denn jeder von uns hat wohl schon einmal die körperliche Reaktion auf Angst, oder den Gedanken, dass eine bestimmte Situation angstauslösend sei, gespürt. Zittern, Schweissausbruch, Veränderung der Atmung, weiche Knie und die Unfähigkeit klar zu denken, sind einige der kurzfristigen Symptome davon.

Bestehen bestimmte Ängste oder Sorgen dann dauerhaft, kommt es zu weiteren Auswirkungen und Krankheiten. Chronische Magen- und Darmprobleme, die meisten Herz-Kreislauf-Erkrankungen, sowie Allergien und Migräne sind die bekanntesten und am häufigsten vorkommenden Folgen, die sich bei andauerndem negativen Denken in unserem Körper manifestieren.

Neueste Froschungen auf dem Gebiet der Zellbiologie haben sogar gezeigt, dass Gedanken die DNA des Körpers beeinflussen können, was vorher als unmöglich angesehen wurde, da sie als unveränderlich galt.

Einer der führenden Wissenschaftler auf diesem Gebiet ist der Amerikaner Bruce Lipton, er hatte mit dem Klonen von Zellen Karriere als Medizinprofessor an der Universität von Wisconsin gemacht, aber ansonsten empfand er sein privates Leben als gescheitert. Daraufhin beschloss er sein Leben radikal zu verändern und nahm einen Lehrauftrag an einer unbedeutenden Universität in der Karibik an. Dort kam er zur Ruhe und hatte kurz darauf , als er über das Verhalten von Zellen brütete, den entscheidenden gedanklichen Druchbruch für seine Arbeit, nämlich:" *„Plötzlich erkannte ich, daß das Leben einer Zelle durch ihre physische und energetische Umgebung bestimmt wird, und nicht etwa durch ihre Gene."*

Diese Erkenntnis veränderte sein Leben, sein Denken und seine Arbeit, denn er sah die Menschheit nicht mehr als störanfällige biochemische Maschinen, die durch unveränderliche Gene gesteuert werden, sondern als machtvolle Erschaffer des eigenen Lebens und der Welt!

In seinem Buch „Intelligente Zellen" schreibt Lipton: *„Wir wurden nach dem Bilde Gottes erschaffen, und wir müssen unseren Geist wieder in die Gleichung mit einbringen, wenn wir unsere physische und psychische Ge-*

sundheit verbessern wollen." „Nicht die gengesteuerten Hormone und Neurotransmitter kontrollieren unseren Körper und unseren Verstand, unser Glaube und unsere Überzeugungen kontrollieren unseren Körper, unser Denken und damit unser Leben."
Lange wurde von der Wissenschaft darüber gestritten, ob die Natur oder die Kultur, also die Gene oder die Erziehung und Gesellschaft grösseren Einfluss auf unser Leben haben und erst durch die Forschungen und Beweise von Bruce Lipton wurde erkannt, dass eine dritte Komponente über diesen Beiden steht und sie übertrumpft, nämlich der eigene Geist! Aus der Frage „ Angeboren oder erworben„ entstand die Antwort: Jederzeit beeinflussbar!!!

In jeder einzelnen Zelle unseres Körpers ist bereits die gesamte Information gespeichert! Alle Zellen sind sogenannte „Mini-Menschen". Aus jedem Haar und jeder Hautschuppe können wir alle Infos über uns herauslesen. Und wie der Mensch, ist auch jede Zelle in der Lage durch Erfahrungen zu lernen und sich zu erinnern.

Es gibt sensationelle Forschungsergebnisse von einem Experiment, wo die DNA, in Form von Körperzellen, eines Menschen an verschieden entfernte Orte gebracht wurde. Dort wurde sie von einem zweiten Forscherteam genauestens beobachtet, während ein anderes Forscherteam einige Versuche mit der Person machten, von der die DNA stammte. Die Versuche waren Beeinflussungen des Denkens und des Körpers. Das Ergebnis war verblüffend: Nicht nur die Zellen innerhalb des Körpers reagierten auf Veränderungen, sondern auch die entnommenen Zellen, die sich teilweise sogar auf einem anderen Kontinent befanden. Und das Ganze war nicht einmal zeitverzögert, sondern auf die Millisekunde gleich, wie mit Hilfe einer Atomuhr festgestellt wurde.

Die dreiundzwanzig Chromosomenpaare **jeder** menschlichen Zelle bergen das menschliche Erbgut, verpackt in die Doppelhelix der DNS. Dieses schier unendlich lange Proteinmolekül birgt alle Gene, die einen Menschen ausmachen. Steckt in ihnen aber auch das Geheimnis des Menschseins?

In den 80er Jahren des letzten Jahrhunderts glaubte man genau das und war der Meinung, durch diesen Umstand endlich die vorhandenen Erbkrankheiten entschlüsseln und somit heilen zu können. Gleichzeitig aber auch die Zivilisationskrankheiten, da man auch dort die Gene für den Auslöser hielt.

Dann passierte allerdings das, was die Wissenschaftler schockierte und was Bruce Lipton einen „kosmischen Witz“ nennt: statt der erwarteten 120000 Gene, gab es nur 25000!!! Das bedeutete, dass ca. 80% der von Wissenschaftlern für nötig gehaltenen Gene überhaupt nicht existierten. Was wiederum nur den einen Schluss zuließ, dass es überhaupt nicht genug Gene im menschlichen Körper gibt, um die Komplexität meschlichen Lebens und die Krankheiten zu erklären.

Daraufhin musste auch der Genetiker und Nobelpreisträger David Baltimore zugeben, dass die menschliche Komplexität gegenüber Würmern oder Pflanzen wohl nicht durch ein MEHR an Genen zustande gekommen sein kann. Wenn man bedenkt, dass der Fadenwurm in seinen 969 Zellen sogar 24000 Gene hat, nehmen sich unsere 25000 Gene in ca. 50000 Zellen nicht gerade überwältigend aus!

Tatsächlich lassen sich nur fünf Prozent der Krebs- und Herzerkrankungen auf erbliche Anlagen zurückführen. Das gilt auch für Brustkrebs, obwohl man seinerzeit um die Entdeckung von „Brustkrebsgenen“ einen großen Wirbel gemacht hatte. Das führte sogar soweit, dass betroffene Frauen sich vorsorglich die nachweislich zu dem Zeitpunkt völlig gesunden Brüste entfernen liessen. Wobei der Gedanke bzw. die Angst vor der Erkrankung viel gefährlicher ist, als es ein vererbtes Gen sein kann. Sollte es tatsächlich zu einer Erkrankung kommen, handelt es sich dabei dann eher um die sogenannte „sich selbst erfüllende Prophezeiung“!

Es gibt unglaublich viele Beispiele dafür, wie sich unsere Gedanken auf unseren Körper auswirken. Der Bekannteste ist wohl der Placebo-Effekt, der inzwischen in Tausenden von Studien, Blind-Studien und Doppel-Blind-Studien bewiesen wurde. Noch nicht so bekannt ist sein „böser“ Bruder, der Nocebo-Effekt.

Im Gesensatz zu PLACEBO (lat. Placebo - ich werde gefallen) ist der NOCEBO (lat. Nocebo - ich werde schaden) Auslöser einer negativen Reaktion ohne naturwissenschaftlichen Nachweis.

Positive Gedanken können heilen - negative Gedanken können töten!

Ein Beispiel für diese nur von Gedanken verursachten Schmerzen ist folgende Studie:

In einer Studie aus den frühen 1980er Jahren wurde an 34 Studenten das folgende Experiment durchgeführt: Den Studenten wurde gesagt, dass ein elektrischer Strom durch ihren Kopf geschickt würde und dass es dabei zu Kopfschmerzen kommen könne. Ohne das jemals ein Stromfluss stattfand, klagten mehr als zwei Drittel der Studenten über Kopfschmerzen.

1993 wurde eine ähnliche Studie veröffentlicht. 99 Probanden wurden unterhalb des Auges an zwei Elektroden angeschlossen, die mit einem Gerät mit der Aufschrift

„Schock-Generator“ verbunden waren. Den Probanden wurde erläutert, dass ein nicht messbarer Strom durch ihren Kopf geleitet werde. In Wirklichkeit erzeugte das Gerät jedoch nur einen beim Hochschalten lauter werdenden Ton. Das Ergebnis:

- 25 Probanden klagten über Schmerzen
- 23 Probanden hatten punktuelle Schmerzen,
- verneinten aber ein Schmerzerleben bei nachträglicher Befragung
- 3 Probanden hatten andere Empfindungen wie Mundtrockenheit oder Verspannung im Nacken
- 7 Probanden hatten Schmerzen nur im Bereich der Elektroden
- 7 Probanden hatten Schmerzen im erweiterten Elektrodenbereich
- 11 Probanden hatten Schmerzen im Elektroden- und anderen Bereichen
- 28 Probanden hatten Schmerzen in anderen Bereichen des Kopfes

Einen ähnlichen Test machte die Sendung „Quarks“ im Juli 2012 mit 2 Gruppen von Probanden, denen diesselbe Schokolade gereicht wurde, einmal mit dem Hinweis auf enthaltene Stoffe, die Kopfschmerzen auslösen können und einmal als normale Schokolade.

Tatsächlich klagten über ein Viertel der Gruppe, die die angeblich Kopfschmerz auslösende Schokolade gegessen hatten, später über entsprechende Schmerzen.

Diese und viele andere Test zeigen uns deutlich, wie unser Denken und vor Allem das Fühlen unseren Alltag und auch unseren Körper bestimmt. Wenn wir und unser „Inneres Kind“ uns also für nicht liebenswert erachten, werden wir auch unbewusst Alles tun um diesem Denken gerecht zu werden. Wir geben unserem Körper nicht die Dinge, die er wirklich braucht, wie gesundes Essen in Portionen, die unserem wirklichen Hunger und Bedürfnis entsprechen. Nicht den Spaziergang an herrlich frischer Luft um tief einzuatmen und unserem Körper wunderbaren Sauerstoff zu schenken, der sich in alle Zellen verteilen kann und diese zum Aufblühen bringt. Und vor Allem nicht den respektvollen Umgang und die Zuneigung, den er verdient. Würden wir ihm täglich mehrmals liebevolle Worte sagen und (gaaaaanz wichtig), diese auch fühlen und ernst meinen, dann hat das einen unglaublichen Einfluss auf ihn und seine Form.

Test mit Menschen, die an einer Multiplen Persönlichkeitsstörung leiden, haben ergeben, dass nicht nur der Geist der unterschiedlichen Persönlichkeiten sich unterscheidet, sondern auch der Körper. Wenn die eine Persönlichkeit sehr kurzsichtig ist, kann eine der Anderen sehr gut sehen können. Deutlich wird es auch bei Allergien. Eine der Persönlichkeiten hat eine extreme Erdbeer-Allergie, die andere kann Erdbeeren kiloweise verspeisen, ohne ein Allergiesymptom zu zeigen. Und das obwohl der Körper der Gleiche ist. Nur der Verstand und das Denken ist unterschiedlich. Das zeigt sehr deutlich, wieviel Enfluss es auf den Körper hat.

*multiple Persönlichkeitsstörung - Bei der multiplen Persönlichkeitsstörung (auch dissoziative Identitätsstörung genannt) zerfallen Denken, Handeln, Erinnerung und Identität, so dass sich mehrere Persönlichkeiten innerhalb eines Körpers bilden, die meistens nichts voneinander wissen. Im Durchschnitt liegen bei einer Dissoziativen Identitätsstörung acht bis zehn Teilidentitäten vor. Von diesen übernehmen mindestens zwei wiederholt die Kontrolle über das Verhalten. Die Person, die den Großteil des normalen Alltags bestreitet, wird als Host (englisch: Gastgeber), die Teilpersönlichkeiten als „Alters“ abgeleitet von englisch: alternate, sinngemäß: anders, verändert) bezeichnet. Eine multiple Persönlichkeitsstörung geht oft mit anderen Störungen Angststörungen und Depressionen einher. Als Ursachen gelten in erster Linie Traumatisierungen in der Kindheit, insbesondere sexueller Missbrauch, aber auch Trauma im Erwachsenenalter, z.B. durch Kriegserlebnisse. Der 'Sinn' der Abspaltung von Persönlichkeiten scheint oft darin zu liegen, das normale Leben vor schrecklichen Erfahrungen und Erlebnisse zu schützen.

Ein weiter wichtiger Wissenschaftler, der auf diesem Gebiet revolutionäre Experimente gemacht hat, ist der Japaner Dr. Masaru Emoto.

Er wurde im Juli 1943 in Yokohama geboren und graduierte an der Universität von Yokohama im Fachbereich Sozialwissenschaften mit dem Schwerpunkt Internationale Beziehungen. 1986 gründete er die IHM Corporation in Tokio. Die Open International University verlieh ihm 1992 den Doktortitel in Alternativer Medizin. In diesem Zusammenhang erfuhr er von dem in den USA entwickelten Mikrocluster Wasser und der Technologie der Magnetfeldresonanz-Analyse. Seitdem gilt sein ganzes Streben dem Geheimnis des Wassers.

Dr. Masaru Emoto’s weltweite Wasser-Untersuchungen waren mehr von seinen ungewöhnlichen Denkansätzen geprägt, als von wissenschaftlichen Überlegungen. In ausgedehnten Versuchsreihen erkannte er, dass sich das wahre Wesen des Wassers in seinen Eiskristallen zeigt. Seine Forschungsarbeiten dauern an und sind in zahlreichen Büchern veröffentlicht.

In zehntausenden Versuchen hat Dr. Masaru Emoto herausgefunden, dass Wasser nicht nur gute und schlechte Informationen, Musik und Worte, sondern auch **Gefühle und Bewusstsein speichert.**

Eine seiner wichtigsten Erkenntnisse in diesen ganzen Jahren war die, dass der Zustand des Wassers nicht fix ist, sondern beeinflussbar. Und zwar ganz klar, eindeutig und jederzeit reproduzierbar, reagiert die Struktur des Wassers auf Schwingung, Musik, Gedankenkraft und Worte.

Sein bekanntestes Experiment ist das Aufstellen von 2 Gläsern mit Wasser und das Besprechen des einen Glases mit liebevollen und dankbaren Worten und des Anderen mit Beschimpfungen! Nachdem das über mehrere Wochen kontinuierlich gemacht wurde, wies das 1. Glas ein Wasser mit wunderbaren Kristallen auf, was für eine sehr gute Qualität sprach und das beschimpfte Wasser hatte keinerlei Kristalle, sondern war jetzt von schlechter Qualität. Dasselbe Experiment machte er noch einmal, indem er das Wasser diesmal mit verschiedenen Musikarten beschallte. Eines des Gläser mit ruhiger klassischer Musik und das Andere mit Heavy Metal mit unschönen Texten. Das Ergebnis zeigte schöne Kristalle bei der Klassik und sehr verminderte Qualität bei der härteren Musik- und Textart.

Wenn man bei dieser Untersuchung mal zugrunde legt, dass der menschliche Körper zu 70 % aus Wasser besteht, dann wird spätestens jetzt eindeutig klar, welche Auswirkungen negatives Denken und Sprechen und Umwelteinflüsse wie Lärm und Gewalt (auch in den Medien oder im Kino) für einen riesigen Enfluss auf unser körperliches und seelisches Empfinden haben.

Oft ist es leider so, dass wir selber uns diesen negativen Dingen aussetzen, denn wir sind meistens diejenigen, die uns am häufigsten und schonungslosesten kritisieren. Teilweise in einer Form, die wir keinem Aussenstehenden gestatten würden. Es ist doch eigentlich undenkbar, dass wir es akzeptieren würden, wenn jemand zu uns sagt: Du bist so fett! Hast Du heute schonmal Deinen Hintern angesehen und wer um Alles in der Welt hat dich auf die Idee gebracht, diese Hose anzuziehen....!!! Diese Liste liesse sich unendlich fortsetzen! Es ist ein kleiner Ausschnitt dessen, wie wir selber jeden Tag mit uns reden und über uns denken. Die inneren Kritiker reden erbarmungslos ständig auf uns ein! Dieser Kreislauf muss dringend unterbrochen werden! Denn je eher wir anfangen lieb-lose Worte und Gedanken durch liebevolle zu ersetzen, je eher wird sich die Seele geliebt fühlen und nicht mehr dem Körper funken, dass er sie füttern soll. Wenn sich das schwarze Loch im unserem Inneren mit Liebe füllt, müssen wir nicht ständig versuchen, es mit Essen aufzufüllen, was sowieso niemals gelingen kann. Es ist, als wenn wir das Essen in einen unendlich tiefen Brunnen werfen und ohne jemals den Aufprall zu hören, damit rechnen, ihn bis oben Auffüllen zu können.

Wir werden dazu Übungen erlernen, die uns täglich ein bisschen mehr Selbstliebe zukommen lassen, und selbst wenn sie für den Einzelnen erstmal vielleicht ungewohnt und sogar lächerlich erscheinen, wird das positive Ergebnis, das daraus entsteht uns in ein glückliches selbstbestimmtes Leben führen, angefüllt mit Liebe, Respekt und Anerkennung unserer Selbst.

„Das was Du heute denkst, wirst Du morgen sein!"

(Buddha)

Kapitel 8

Affirmationen

„Wertschätzung ist der einzige Weg,
die guten Eigenschaften zum Vorschein zu bringen!"

(Sri Chinmoy, spiritueller Führer)

Bei Affirmationen handelt es sich um eine Form der Autosuggestion. Mit ihrer Hilfe kann man Verhaltensweisen und Überzeugungen im Gehirn verankern und dort vorhandene alte und falsche Glaubenssätze wandeln. Durch die Affirmation senden wir einen Befehl an unser Unterbewusstsein.

Sind Affirmationen dasselbe wie „Positives Denken"?
Das positive Denken war vor einigen Jahren ein Ansatz in die richtige Richtung, der als Begriff und Schlagwort auch einen hohen Bekanntheitsgrad hat. Allerdings wird

es oft falsch dargestellt und verstanden. Es soll nicht bedeuten, dass man um jeden Preis nur und ständig positive Gedanken haben sollte. Allein das Wort „sollte" erzeugt schon wieder Druck und ein schlechtes Gefühl, wenn es nicht gelingt. Und fest steht, dass es garnicht gelingen kann, denn unser Leben ist ein ständiges Wechsel- und Zusammenspiel von positiven und negativen Ereignissen, wie die 2 Seiten einer Medaille oder das Ying und Yang Symbol. Und wer seine Gefühle dazu, wie Ängstlichkeit, Traurigkeit oder Wut durch positives Denken verdrängen möchte, wird damit genau das Gegenteil erreichen. Ein wichtiger, wenn nicht einer der wichtigsten Aspekte eines glücklichen Lebens ist die Annahme ALLER Gefühle! Ängstlichkeit verschwindet nicht, wenn der Verstand Dir sagt, dass Du nicht ängstlich sein musst, sondern, wenn Du das Gefühl einfach akzeptierst, dasein lässt und annimmst. Dann kann es sich verabschieden – das tut es nicht, wenn Du es ignorierst, und nichts Anderes wäre es, wenn Du einfach so tust, als wäre es nicht da! Wenn Du traurig bist sei traurig, wenn Du wütend bist, sei wütend. Was nützt es das Gefühl mit positivem Denken zu überschütten, es ist nunmal da und will gefühlt werden. Alles Andere wäre, wie einen Hundehaufen mit Gold zu verzieren und zu erwarten, dass der Gestank verschwindet.

Eine Affirmation dagegen ist wie eine Investition in Dein Glück, wie ein roter Teppich, den Du Dir auslegst auf dem Weg zu einer schönen Zukunft!

Wenn ich zum Beispiel einen schwierigen Termin vor mir habe, dann sage und denke ich vorher folgende Affirmation:

Bei diesem Termin gibt es eine liebevolle und angenehme Atmosphäre, inspirierende Gespräche, einen respektvollen Umgang miteinander und Ergebnisse, die für alle Beteiligten zufriedenstellend und erfolgreich sind.

Wenn ich eine Untersuchung beim Arzt habe, sage und denke ich vorher:

Der Aufenthalt in der Praxis ist schmerzfrei und angenehm und das Ergebnis für mich wohltuend, zufriedenstellend und hilfreich.

Wenn ich vor einem Problem stehe:

Es findet sich eine Lösung, die dem höchsten Wohl aller Personen dient, die daran beteiligt sind. Es wird nur Gutes aus dieser Erfahrung entstehen. Jeder von uns ist sicher und geborgen. Alles ist gut!

Diese vorher gesagten, gedachten und auch gefühlten Worte sind wie ein weicher Teppich, den ich mir vor dem Termin ausrolle und über den ich ruhig und gelassen dorthin gehe und noch nie, seit ich das so handhabe, hat mich dann Etwas Negatives dort erwartet. Es kann passieren, dass ich dann einen Auftrag trotzdem nicht bekomme, aber das muß langfristig gesehen ja nicht negativ sein. Vielleicht kann ich das Positive darin nur noch nicht sehen. Mein Vertrauen sagt mir heute, dass Alles was in meinem Leben geschieht einen Sinn macht, auch wenn er sich nicht SOFORT zeigt. Einer meiner Lieblingsgedanken zu diesem Thema ist dann:

Wenn das Ereignis, der Tag oder eine Person nicht Dein Freund ist, ist es Dein Lehrer!

Eine Affirmation ist somit auch eine Art von sich „selbst erfüllender Prophezeiung", bei der jeder selber darüber entscheiden kann, ob das Ergebnis positiv oder negativ ist. Ich kann zum Beispiel vor einer Prüfung stehen und behaupten: Die ist so schwierig, das ist kaum zu schaffen! Dann werde ich mit einem angsterfüllten Gefühl dort hingehen und welche körperlichen Auswirkungen

Angst hat, ist wohl hinlänglich bekannt: hoher Blutdruck, Herzrasen, Unkonzentriertheit (Gefühl von Watte im Kopf), Stress, Schwitzen usw. Da kann sich wahrscheinlich jeder vorstellen, dass es unter diesen Voraussetzungen kaum möglich ist, eine gute Prüfung abzulegen. Und wenn das Ergebnis dann so schlecht ist, wie ich es erwartet hatte, dann denke ich natürlich, dass ich Recht hatte, ohne zu erkennen, dass alleine mein vorheriges Denken dieses Ergebnis erst ausgelöst hat.

Zum Glück geht es aber auch genau anders herum - durch eine positive Einstellung zur erwarteten Situation, kann man ein positives Ergebnis herbeiführen!
Wenn Du die Arbeit mit den Affirmationen regelmässig machst, so dass sie Dir in Fleisch und Blut übergehen, wird sich die Anzahl von Problemen und schwierigen Situationen in Deinem Leben drastisch reduzieren!

Der wichtigste Grundsatz beim Finden der richtigen Affirmation(en) ist das Fühlen. Wenn die Worte sich für Dich nicht richtig anfühlen, wirst Du auch keinen Erfolg damit haben. Es ist am Anfang etwas schwierig und gewöhnungsbedürftig, denn solche Sätze zu sagen, wie: Ich liebe mich, ich bin ein wertvoller Mensch, ich bin liebenswert.... usw. kommt uns irgendwie lächerlich und albern vor. Haben wir nicht in der Kindheit gelernt: Eigenlob stinkt und im Poesie-Album stand: Sei bescheiden, sittsam und rein? Dazu möchte ich zwei wunderbare und wahre Worte von Sabine Asgodom zitieren:

Eigenlob stimmt!

Aber es gilt halt erstmal diese alten Glaubenssätze im Kopf abzubauen und in eine liebevolle Gedankenkraft zu uns selber zu kommen. Denke an etwas, dass Du sehr magst oder was Du besonders gut kannst. Mit diesem Gefühl suchst Du Dir eine der später aufgeführten Affirmationen aus, oder kreierst eine Eigene. Du kannst auch eine Vorgegebene verändern, Du solltest Dich nur an die wichtigen Regeln zur Formulierung unbedingt halten, sonst verfehlt es seine Wirkung.

Regel 1: Eine Affirmation darf niemals negativ formuliert sein, vermeide unbedingt die Wörter nicht, nie, niemals und kein! Mit der negativen Formulierung ziehst Du genau das Unerwünschte in Dein Leben.

Statt „Ich möchte kein Übergewicht mehr haben“, sollte besser die Formulierung „Ich bin schlank“, oder „ich wiege 60 Kilo (dies soll keineswegs eine Leitzahl sein, setze Deine eigene Zahl dort ein) und bin dabei gesund und glücklich“ verwendet werden. Unser Unterbewusstsein kennt und erkennt keine Verneinungen!

Regel 2: Eine Affirmation sollte immer in der Gegenwart und als Tatsache formuliert sein, nicht in der Zukunft oder als Wunsch. Also sage nicht: „Ich möchte schlank sein“ oder „Ich werde schlank sein“, sondern „Ich bin schlank“!

Das erscheint uns zwar im ersten Moment albern oder sogar als Lüge, aber wenn wir sagen, wir wollen schlank sein, dann wird uns dieser Wunsch erfüllt, aber nicht der nach dem Schlanksein, sondern der nach dem „Schlanksein wollen“. Und das „wollen“ haben wir doch jetzt schon, oder? Man sollte also sein Ziel formulieren, nicht den aktuellen Zustand! Das Ziel heisst: Ich bin schlank!

Regel 3: Fülle die Affirmation mit Gefühlen aus, denn Wünsche ohne Gefühle haben keine Energie! Fühle, wie es sich anfühlen wird, wenn Dein Wunsch sich erfüllt hat. Wie fühlt es sich an, leicht und voller Lebensfreude Sport zu machen oder die Kleidung zu tragen, die uns gefällt und nicht die, die man in dieser Grösse bekommt!

Visualisiere eine Situation die Dir besondere Freude bereiten wird, wenn Du schlank bist, am Besten eine bewegte Situation, denn diese kann Dein Unterbewusstsein am Besten verarbeiten. Vielleicht stellst Du Dir vor, wie Du mit einem leichten weissen taillierten Sommerkleid an einem schönen Sommertag über den Wochenmarkt schlenderst, eine Sonnenbrille auf, einen schönen Einkaufskorb in der Hand und Dir an einem Stand mit wunderbarem bunten Gemüse etwas Schönes aussuchst und eine netten Plausch mit der Verkäuferin hälst.

Regel 4: Überlege ganz genau was Du wirklich möchtest! Sich eine eigene Affirmation auszudenken ist eine gute Übung um sich mit seinen Wünschen näher zu befassen. Denke genau darüber nach, was Dein Ziel ist und versuche es dann so kurz und präzise wie möglich auf den Punkt zu bringen.

Affirmationen zum Thema Selbstliebe und Schlanksein könnten Folgende sein:

Ich bin es wert, mich selbst zu lieben

Ich habe einen wunderschönen Körper

Ich bin stolz auf meinen wunderschönen Körper

Ich liebe und bewundere meinen Körper

Ich bin stolz auf mich

Ich vertraue meinem Körper,
er weiss was gut für mich ist

Ich habe es verdient schön und gesund zu sein

Das Leben liebt mich und sorgt bestens für mich

Ich spüre wann ich Hunger habe und dann esse ich

Ich vertraue meinem Hungergefühl

Wenn ich satt bin, höre ich einfach auf zu essen

Ich lasse meine Vergangenheit los und verzeihe mir Alles

Ich vertraue dem Leben

Es ist bestens für mich gesorgt

Ich vertraue mir und meinen Gefühlen

Ich bin begehrenswert

Ich bin schön

Ich bin sexy

Entweder Du wiederholst die gewählte Affirmation vor dem Einschlafen abends mehrmals oder dasselbe morgens nach dem Aufwachen, oder/und Du sagst sie jedesmal zu Dir selbst, wenn Du in einen Spiegel siehst. Schau Dir liebevoll in die Augen und spreche laut die Affirmation aus. Lächel Dich dabei liebevoll an, wie Du es tun würdest, wenn Du dem oder der Liebsten etwas Liebes sagst.

Ich habe mir mit der Zeit auch angewöhnt darauf zu horchen, wie ich selber mit mir spreche, besonders in schwierigen Situationen, oder z.B. wenn ich etwas vergessen oder verlegt habe. Statt zu denken „Ich Dussel, sowas passiert auch nur mir“, wie ich es leider früher unbewusst oft getan habe, rede ich jetzt so lieb mit mir, wie sonst mit meiner Katze! Ich sage dann zu mir: Mein Schatz, was ist los? Alles ok bei Dir? Ist doch nicht so schlimm, kann ja mal passieren! Und so weiter...! Versuch es einfach mal - man kann es sich wirklich angewöhnen, liebevoll mit sich selber zu reden und das ist ein Riesenschritt in die richtige Richtung!

Das Lächeln ist ein wichtiger Indikator dafür, welche die richtige Affirmation für Dich ist, denn wenn Du den Gedanken daran nicht albern findest, sondern irgendwie zärtlich und liebevoll, dann ist er richtig. Ist es nicht ein wunderschönes warmes Gefühl im Bauch?

Da Schreiben das Gehirn aktiviert, ist es auch hilfreich sich die Affirmationen täglich so oft wie möglich irgendwo hinzuschreiben. Die Zettel kann man irgendwo aufhängen, wo man sie so oft wie möglich sieht. Am Besten aber öfter mal die Position verändern, sonst gehören sie schnell zum Gesamteindruck und man nimmt den Zettel und die Botschaft garnicht mehr wahr.

Es wäre schön, wenn Du jeden Tag beim Zähneputzen, Rasieren, Schminken usw. zumindest einmal Deine Affirmation zu Dir sagen oder einfach nur etwas länger in die Augen sehen und zärtlich sagst: Ich liebe Dich! An meinem Spiegel hängt ein Zettel mit der Aufschrift:

Ich bin ein wundervoller Mensch mit wundervollen Eigenschaften!

Nicht auf die Falten und Pickel starren, sondern nur in die Augen! Es muss ja auch nicht sein, wenn der Partner dabei ist. Nimm Die die Zeit für Dich alleine, Du bist es wert!

Hier noch ein wichtiger Hinweis:

Affirmationen sind sehr wirksame Werkzeuge auf dem Weg zur Heilung, wenn man aber feststellt, dass man Alles richtig macht und nicht so recht weiterkommt, dann kann man sicher sein, dass die „Inneren Boykotteure“ am Werk sind. Man kommt Ihnen ganz gut auf die Schliche, wenn man mal hinterfragt: Warum genau möchte ich abnehmen!

Jetzt denkst Du bestimmt, das ist aber eine simple Frage! Ist doch klar, damit ich schlank und schön bin!
So einfach ist es dann doch wieder nicht, denn bei genauerem Nachhaken kommen oft Aussagen wie: Damit ich mehr respektiert werde oder damit ich nicht mehr für undiszipliniert gehalten werde usw.
Also ist der ursprüngliche Wunsch nicht der nach dem Schlanksein, sondern nach Respekt oder Anerkennung. Und das steht natürlich im Gegensatz zu unseren alten Glaubenssätzen, die behaupten: Du bist nicht liebenswert, Alles was Du machst geht schief oder endet böse und Du verdienst somit keinen Respekt und keine Anerkennung.
Solange diese Glaubenssätze uns noch boykottieren, dauert es vielleicht länger, bis die Affirmationen zu 100 Prozent greifen! Das liegt aber nicht an den Affirmationen, sondern an noch vorhandenen alten Glaubenssätzen.

Also bitte nicht resignieren oder aufgeben, alles Gute braucht seine Zeit, denn das Negative war viel zu lange in uns und hat unser Denken und Leben bestimmt! Sei liebevoll und geduldig mit Dir!

Mehr zum Thema Glaubenssätze findest Du im nächsten Kapitel!

Tipp:

Wenn es Dir absolut zu unglaubwürdig erscheint zu sagen:

Ich liebe mich

Ich bin wundervoll

Ich verdiene das Beste

dann setze am Anfang ein: „Ich entscheide mich" oder ein „Ich wähle" davor! Es ist der Schlüssel zu Deinem Bewusstsein, falls Du sehr skeptisch bist und die negativen Sätze noch sehr tief sitzen! Sage dann:

Ich wähle es, mich zu lieben

Ich entscheide mich, wundervoll zu sein

Ich entscheide mich, das Beste zu verdienen

„Egal, ob Du glaubst Du schaffst es oder Du schaffst es nicht, Du wirst immer Recht behalten!"

(Henry Ford, Industrieller, Erfinder, 1863-1947)

Kapitel 9

Glaubenssätze

„Ganz gleich, wie beschwerlich das Gestern war, stets kannst Du im Heute von Neuem beginnen"

(Buddha)

Was sind eigentlich Glaubenssätze?

Glaubenssätze sind Deine ganz persönliche Brille, durch die Du die Realität betrachtest. Diese bestimmte Brille ist das Ergebnis von Lebenserfahrungen, Erziehung und der gesellschaftlichen Prägung. Viele davon sind in unserer Kindheit entstanden. Sie lassen ein Bild in uns davon entstehen, was wir uns zutrauen und was nicht, was wir erreichen können und was nicht und was wir gut können oder garnicht!

Als wir sehr klein waren, ging es nicht anders, als dass die Definition über uns von AUSSEN kam, von Eltern und anderen Erwachsenen in unserem Umfeld. Wir waren zu klein für ein definiertes eigenes EGO. Um zu lernen, wer wir wirklich sind, mussten die Erwachsenen uns einen genauen Spiegel vorhalten. Wenn diese in uns jedoch nicht das liebenswerte und wertvolle Wesen sehen konnten, als das wir zur Welt kamen, folgerten wir daraus wirklich nicht liebenswert und wertvoll zu sein.

Wenn die Erwachsenen uns störend und fehlerhaft fanden, wenn sie uns schlugen, anschrien oder vernachlässigten, dann entwickelten wir den Glauben schlecht zu sein. Das bedeutete, dass wir uns nicht liebenswert, unfähig und unwichtig empfanden, daher konnten wir ja in uns selber keine Bestätigung, Liebe und Anerkennung finden und fingen wir an, diese dringend benötigten Dinge ausserhalb von uns zu suchen. Man könnte fast sagen, dass wir süchtig danach wurden es von jemandem zu bekommen.

Unfassbare 95 % unserer Handlungen werden von unbewussten Gedanken oder von unseren Glaubenssätzen gesteuert. Und wenn Du nicht das Leben führst, dass Du gerne hättest, dann deutet Alles darauf hin, dass Du unbewusst gegen Dich selber arbeitest. Gegen Deine Traumfigur, Deinen Wunschpartner oder gegen beruflichen Erfolg usw. 95 % sind ein wirklich sehr grosser Anteil und wenn der gegen uns ist, dann ist es fast unmöglich seine Ziele zu erreichen.

Du kannst Dir das Unterbewusstsein wie einen Kassettenrekorder (oder ein moderneres Aufnahmegerät) vorstellen. Es spielt nur ab was dort mal aufgenommen wurde, nicht mehr und nicht weniger. Vor Allem spielt es ALLES ab ohne es zu bewerten oder in gut und schlecht aufzuteilen, es arbeitet wie eine Maschine.

Diese unbewussten Anteile sind oft vor langer Zeit in unserer Kindheit entstanden und haben sich seitdem nicht verändert. Sie entsprechen in vielen Fällen nicht einmal der Realität, haben es auch nie getan. Sie wurden uns von Menschen gesagt, deren Meinung wir für die absolute Wahrheit hielten als Kinder, Autoritätspersonen und Eltern, Lehrer und Kindergärtner. Wir haben das nie hinterfragt und auf seine Richtigkeit überprüft, sondern einfach übernommen.

Wir haben da also Programme im Kopf, die vor langer Zeit entstanden sind und heute noch genauso aktiv sind wie damals. Es geht teilweise soweit, dass wir uns Menschen suchen und in unser Leben lassen, die diese Glaubenssätze bestätigen.

Frauen suchen sich oft Männer, die sie genauso ignorieren, wie ihr Vater es getan hat oder nehmen einen Job an, in dem ihr Chef dieses Verhalten an den Tag legt. Männer, die im Elternhaus gelernt haben, dass sie ein nichtsnutziger Looser sind, finden eine Partnerin, die ihnen das auch oft und gerne verächtlich entgegengeschleudert. Diese schmerzlichen, aber gewohnten Gefühle geben uns paradoxerweise sogar eine Zeitlang eine Art Geborgenheits-Daheim-Gefühl. So verrückt das auch klingen mag. Das Gesetz der Anziehung besagt, dass wir genau die Menschen anziehen, die das über uns denken, was wir selber im Unterbewusstsein über uns glauben. Das bedeutet im Umkehrschluss aber auch, dass wir das ändern können. Wenn wir positive Glaubenssätze haben, werden wir auch die passenden Menschen, Dinge und Situationen in unser Leben ziehen.

Wenn man mitbekommen hat, wie die Eltern mit Anderen über uns geredet haben und zum Beispiel sagten: Sie ist so unsportlich und hat bei den Bundesjugendspielen schon wieder nicht mal eine Siegerurkunde bekommen, ich weiss nicht von wem sie das hat! Dann bedeutet das nicht, dass das auch in Zukunft für jede sportliche Betätigung gilt, in unseren Glaubenssätzen ist es aber tief verankert und wir wagen uns erst garnicht an irgendeinen Sport heran. Bei mir hat es ca. 25 Jahre gedauert. Wenn wir von unseren eigenen Fähigkeiten nicht überzeugt sind, wird es uns sehr schwer fallen mühelos und erfolgreich zu lernen und zu leben.

Beispiele für Glaubenssätze:

- Ich war schon als Kind dick, das liegt in unserer Familie an den Genen!
- Dicke sind gemütlich, sympathisch und lustig!
- Wer hoch hinaus will, kann tief fallen!
- Geld verdirbt den Charakter!!
- Ich hab einfach kein Glück im Leben!
- Ich esse einfach viel zu gern um abzunehmen!
- Es ist leicht zuzunehmen, aber schwer abzunehmen!
- Abnehmen bedeutet Kampf!
- Das ganz Leben ist ein Kampf!
- Im Leben bekommst Du Nichts geschenkt!

oder persönlicher:

- Ich habe viele Fehler!
- Ich bin unwichtig!
- Ich bin eine Last!
- Ich werde nie glücklich sein!
- Ich werde nie einen Mann/Frau finden, der/die mich will!

Ich bin:

- zu dick
- zu dünn
- zu dumm
- zu intelligent
- zu klein
- zu gross
- zu unscheinbar
- zu auffällig
- zu schüchtern
- zu emotional
- zu gefühllos
- zu ernst

- zu lustig
- usw. usw.

Man könnte die Liste endlos fortsetzen! Besonders beliebt sind Glaubenssätze zum Thema Geld! Um herauszufinden, ob Du sie vielleicht auch verinnerlicht hast, schreibe ich jetzt einige auf und lasse dabei ein Wort weg. Wenn Du es ergänzen kannst, kennst Du den Spruch recht gut ☺

Geld wächst nicht auf ___________

Eher geht ein Kamel durch ein Nadelöhr, als das ein Reicher in den __________ kommt

Geld macht nicht ______________

Geld ist die Wurzel allen _____________ usw. usw.

Es leuchtet schon wirklich gut ein, dass man mit diesem Denken nicht reich sein möchte, oder? Selbst wenn man vorgibt Nichts lieber zu wollen, als Reichtum. Genauso funktioniert es in allen anderen Lebenslagen, sehr gut auch beim Thema Schlanksein!

Wenn wir z.B. denken, und sei es unbewusst, dass wir, wenn wir erst schlank sind ein oberflächliches Modepüppchen werden, unsere Kinder vernachlässigen, unseren Mann verlassen, oder begrapscht und vergewaltigt werden, wird es nicht möglich sein abzunehmen, egal was wir versuchen.

Nachdem Du jetzt weisst, was ein Glaubenssatz ist, wird es Zeit Dir eine Möglichkeit an die Hand zu geben, die sehr hilfreich ist, wenn es darum geht diese zu erkennen und danach auch zu transformieren. Denn die Hauptschwierigkeit ist oft zu unterscheiden, welches ein alter

Glaubenssatz ist, und was ein hilfreicher Gedanke. Viele dieser alten Sätze sind schon so lange in uns und so etabliert, dass wir niemals darauf kämen, dass sie nicht wahr sein könnten und wie sehr wir uns jeden Tag und in jeder Minute damit schaden. Deshalb liebe ich meine Methode, die es auf relativ einfache Weise schafft, mir im Alltag so vieles bewusst zu machen und gleichzeitig viel gelassener und glücklicher durch die Welt zu gehen.

Wir werden die unbewussten Anteile in unser Bewusstsein holen, um dort Einfluss auf sie nehmen zu können.

Manche Menschen meinen zur Erleuchtung in ein buddhistisches Kloster oder zu einem Guru gehen zu müssen, dabei ist jeder Mensch und jede Situation in unserem Leben, mit der wir im Clinch sind, ein Therapeut und Lehrer für uns, auch wenn er selber nicht die geringste Ahnung davon hat.

Der Mensch, der Dich gerade am Meisten nervt oder verletzt hat, ist das was Robert Betz einen „Arschengel“ nennt. Das bedeutet, dass er sich zwar wie ein „Arsch“ benimmt, aber dadurch ein Engel für Deine Entwicklung ist. Denn er ist nur ein Spiegel, indem Du Dich selbst und Deine Eigenschaften spiegeln kannst und der Dir dadurch hilft Deine Glaubenssätze darüber aufzuheben. Durch den „Arschengel“ oder die schwierige Situation erkennen wir, an welcher Stelle es noch hakt in unserer Entwicklung und können dort gezielt arbeiten.

Das hört sich erstmal ein wenig abstrakt an, aber in der Beschreibung der Methode, wirst Du die Systematik erkennen und dann wissen, wie es gemeint ist und auf welche Weise es Dich weiterbringen wird in Richtung Glück und Gesundheit!

Wie ich im Kapitel „die Macht der Gedanken“, schon ausführlich beschrieben habe, ziehen wir durch unser

Denken Menschen und Ereignisse in unser Leben. Man könnte auch sagen, wir sind der Schöpfer unseres Lebens. Unsere aktuelle Situation ist das Ergebnis dessen, was wir in der Vergangenheit gedacht haben.

Das ist möglicherweise für Einige unter Euch eine schockierende Erkenntnis, die nicht immer auf Begeisterung stösst. Das Schwierige und gleichzeitig Wunderbare daran ist nämlich, dass man durch dieses Wissen aus der Opferrolle in die Schöpferrolle kommt. Das ist grundsätzlich erstmal etwas sehr Hoffnung machendes und auch Positives. Allerdings schleudert es uns auch aus unserer Komfortzone, indem es unsere seit langem sehr beliebte Eigenschaft des Schuldzuweisens an alle möglichen anderen Instanzen ad absurdum führt.

Wir konnten bisher die „Schuld" auf unsere Eltern, Lehrer, den lieben Gott und Alles, Alles Mögliche schieben und uns somit als armes Opfer der Umstände fühlen. Damit ist jetzt Schluss, und das ist gut so, denn das Opfersein hat einen sehr gravierenden Nachteil: Wir sind in einer passiven Situation, können sie also nicht selbsttätig ändern! Das meinen wir zumindest! Mit der Erkenntnis nicht Opfer, sondern Schöpfer zu sein, kommen wir in die aktive Position und das ist „eigentlich" etwas sehr Schönes und Hilfreiches, allerdings kommen wir auch nicht mehr drumherum uns unsere Glaubenssätze anzusehen und zu verändern. Ich wünsche mir sehr, dass Du die einzigartige und wundervolle Chance in dieser Aussage erkennst: Was Du gestern gepflanzt hast, erblüht heute in Deinem Leben. Wenn es Dir nicht gefällt, kannst Du sofort etwas anderes pflanzen und hast schon bald das Ergebnis, das Du Dir erträumt hast! Ist das nicht ein herrliches Gefühl?

Die Belohnung für diese „Arbeit" ist ein glückliches und selbstbestimmtes Leben in einem schönen, gesunden Körper mit geistiger Freiheit. Ich denke, das sollte es uns wert sein, mal genauer hinzuschauen und alte nutzlose Überzeugungen auszumisten. Das sind teilweise Überzeugungen von Leuten, die wir garnicht kennen, Sprüche, die unsere Eltern schon von ihren Eltern und Grosseltern eingeredet bekamen, die schon längst tot waren, als wir geboren wurden. Eine „liebe“ alte Familientradition sozusagen! Da lebt man also heute noch nach Grundsätzen von Personen, von denen man sich vielleicht nicht mal einen Weg erklären lassen würde. Bevor ich zur 4 – Schritte - Methode komme, möchte ich aber noch kurz etwas zum Thema Schuld sagen. Egal ob wir aufgrund von Aussagen und Handlungen z.B. unserer Eltern oder eigener „Fehler“ in dieser Situation stecken, in der wir gerade sind, niemand trägt Schuld daran oder hat einen Fehler gemacht! Es gibt keinen Grund, jemanden oder sich selber dafür zu verdammen.

Halten wir uns bitte vor Augen, dass jeder in dem Moment, wo er die Entscheidung Für oder Gegen etwas trifft, genauso handelt oder entscheidet, wie es ihm in diesem Moment bestmöglich ist oder richtig erscheint. Es ist niemandem damit gedient, diesen sogenannten Fehler, als das es sich eventuell nachher herausstellt, sein Leben lang mit sich herumzuschleppen. Da heisst es anschauen, vergeben, fallenlassen und frei sein! Der einzige Mensch, dem Du mit Deinem Groll schadest, bist Du selber! Und es ändert nichts in Deinem Leben, schon garnicht zum Positiven! Hass, Wut und Nicht-Vergeben sitzen im Körper wie ein Krebsgeschwür und nicht selten enden sie auch als ein Solches! Also hören wir auf unter dieser ständigen „Überfunktion der Schulddrüse“ zu leiden.

Nun zur Methode: **Spiegel your life**

1. Schritt:

Du denkst nach, an welcher Situation Du gerade zu knabbern hast oder über welche Person Du Dich maßlos ärgerst!
Wenn Du das Richtige gefunden hast (wir sollten eine Sache nach der Anderen bearbeiten, also das Akute zuerst), dann schreibst Du einige Sätze dazu auf und findst einige Wörter dazu, was Dich besonders ärgert.

- Wer ist Dein Spiegelbild?
- Welche Eigenschaften oder Verhaltensweisen stören Dich an dieser Person? Was genau stört Dich an der Situation, die Dich so ärgert, wütend oder traurig macht?
- Beschreibe es mit einigen Adjektiven wie z. B. stur, rücksichtslos, gemein, unfair, faul, gierig, ungerecht usw.

2. Schritt:

Versuche zu akzeptieren, dass Du es warst, der diesen Menschen und seine Taten angezogen hat. Er ist in Dein Leben gekommen um Dir bei Deiner Entwicklung zu helfen! Du und Deine Gedanken sind der Schöpfer! Schaue auf die Person und denke wie ein interessierter Beobachter: Aha, das habe ich also gewollt! Interessant!!!

Übernehme die Verantwortung für Deine Schöpfung, dann können wir herausfinden, welchen Grund es gab, genau das zu erschaffen.

Dies finden wir heraus, indem wir die im 1. Schritt beschriebenen negativen Aspekte der Person oder Situation ins Positive herumdrehen. Stelle Dir die Frage, was das Positive an der zuerst beschrieben „schlechten“ Eigenschaft des Anderen ist und was jemand mit dieser Eigenschaft dadurch besonders gut kann!

Ein Beispiel: Du ärgerst Dich, dass Dein Kind den ganzen Nachmittag faul in seinem Zimmer herumliegt und Musik hört, statt das völlig chaotische Zimmer aufzuräumen! Du würdest Dein Kind in diesem Moment als **faul** und **unordentlich** beschreiben und das sind negative Begriffe!

Was wäre die positive Umkehrung dieser beiden Begriffe?
Vielleicht **entspannt** und **nicht so pingelig**?

Was kann denn jemand besonders gut, der entspannt und nicht so pingelig ist?
Dinge geniessen! Einfach mal abschalten, ohne ständig im Hinterkopf zu haben, was noch Alles zu tun ist? Sich mal eine Ruhezeit für sich zu gönnen? Sich keine Sorgen wegen Konsequenzen zu machen? Nicht Alles so verbissen sehen? Im JETZT leben? Und so weiter....!
Jetzt frage Dich, was negativ, böse und gefährlich daran ist, so zu denken und zu handeln? Was passiert mir dann? Bin ich ein schlechterer Mensch? Was passiert dann mit mir?

3. Schritt:

Finde anhand von Schritt 2 heraus, was der Glaubenssatz sein könnte, der dahinter steht! Vielleicht „Ohne Fleiss kein Preis“, „Es steht Dir nicht zu Dich auszuruhen oder Dir etwas Gutes zu gönnen“, „ Bring es erstmal zu was im Leben, dann kannst Du mitreden“, „Du bist so faul, aus Dir wird sowieso nie was“, und vieles mehr!!.

Horche in Dich hinein, welche Ängste der Gedanke bei Dir auslöst, mal alle Fünfe gerade sein zu lassen! Heisst der alte Glaubenssatz vielleicht: Ich bin nur liebenswert und habe nur eine Daseinsberechtigung, wenn ich fleissig bin? Habe ich Angst nicht mehr geliebt zu werden, wenn ich mal in meinen Bemühungen nachlasse? Man kann doch nicht einfach Alles stehen und liegen lassen, was sollen die Leute von mir denken, wenn es hier so aussieht?

Wenn Du also jetzt Deinen alten Glaubenssatz gefunden hast, dann danke dafür, dass diese Person Dir dabei geholfen hat ihn zu erkennen, indem sie Dich gespiegelt hat. Dann fühle in Dich hinein, ob Du bereit bist, diesen Glaubenssatz zu verabschieden. Dies kann man sehr gut machen durch ein kleines einfaches Ritual, indem man es aufschreibt und verbrennt! Die Aschereste einfach mit ein paar Abschiedsworten oder Abschiedsgedanken dem Wind oder dem Wasser übergeben!

4. Schritt:

An der Stelle des alten Glaubenssatzes pflanzen wir jetzt ein zartes Pflänzchen in Form eines neuen positiven Glaubenssatzes, der immer weiter wachsen wird und eine Veränderung in Deinem Leben bewirken wird. Siehe auch Kapitel 8 - Affirmationen! Wichtig ist, den neuen Glaubenssatz in der Gegenwart und ohne Verneinung zu formulieren. Auch die Worte **will, werde, möchte, versuche** usw. sind kontraproduktiv. Eine Affirmation zu unserem Beispiel könnte lauten: Ich verdiene und geniesse die Zeit, die ich mir für mich nehme um mich glücklich, wohl, ausgeruht und kreativ zu fühlen.

Zu dieser Methode gibt es ein Arbeitsblatt als PDF zum Ausdrucken im Leserbereich meiner Homepage, den Link dazu findest Du hinten im Buch!

Die Hirnforschung hat herausgefunden, dass ein neues Denken ca. 90 Tage benötigt um im Gehirn vollständig installiert zu sein und selbstständig zu funktionieren, ohne, dass man darüber nachdenkt. Wie in einem vorherigen Beispiel das Autofahren, wo man am Anfang auch noch sehr bewusst jede Tätigkeit wie Schalten, Blinken usw. machen musste, und wo man heute „automatisch" agiert! So selbstverständlich kann es auch werden, liebevoll über Dich selber zu denken. Möchtest Du eine Abkürzung nehmen, dann bearbeite den Glaubenssatz mit der Meridian Tapping Methode, die ich Dir in Kapitel 17 vorstelle.

Eine weitere, auch sehr effektive, aber etwas allgemeinere Möglichkeit Glaubenssätze zu transformieren ist die Folgende:

Nimm Dir ein Blatt Papier, am liebsten im DINA 4 Format und teile es durch einen senkrechten Strich in 2 Hälften! Auch dieses Blatt findest Du als PDF im Downloadbereich, der Link dazu ist hinten im Buch zu finden!

Auf die linke Seite schreibst Du Alles was Dir an negativen Sätzen über Dich einfällt. Lass es einfach aus Dir herauskommen, nimm Dir Zeit und Ruhe dafür und horche förmlich in Dich hinein. Das kann der Satz vom Sportlehrer sein, der über Dich vor Allen gesagt hast Du wärst so lahm wie eine Bleiente, oder die Mutter, die aufgrund Deiner Kajal-geschminkten schwarzen Augen meinte, Du siehst aus als wenn Du mal auf dem Strich landest oder der Grossvater, der meinte: Der Bub der heult ja wie ein Mädchen, aus dem wird nie ein richtiger Mann! Auch pubertierende Klassenkameraden, die Mitschüler mobben oder als „Opfer" bezeichnen, haben grossen Einfluss auf das Denken!

Ich bin sicher, Dir werden immer mehr Sätze einfallen, wenn Du Dich darauf einlässt. Es sollten auch Sätze sein, die DU heute über Dich glaubst, wie z.B. ich bin zu undiszipliniert und gefrässig zum Abnehmen, es ist eben mein Schicksal dick zu sein.

Wenn Du meinst fertig zu sein, lies Dir in Ruhe Deine Liste durch. Wenn Du dabei traurig wirst über die ganzen negativen Dinge, die da über Dich stehen, ist das völlig normal und legitim. Aber noch trauriger ist natürlich, dass all diese Sätze in Deinem Kopf sind und Einfluss auf Dein heutiges Leben nehmen. Nur weil wir sie vergessen hatten, heisst es ja nicht, dass diese Sätze nicht da waren, sonst hätten wir sie nicht wiederfinden können. Sei stolz auf Dich, Du bist mutig und schaust in Dein Inneres!

Die Liste hat auch keinen Anspruch auf Vollständigkeit, man kann das Ergebnis von einigen Jahren nicht an einem Nachmittag hervorzaubern. Also sei geduldig mit Dir und schreibe auch in den nächsten Tagen immer mal wieder auf, was Dir noch dazu in den Sinn kommt.

So, jetzt kommen wir zur rechten Spalte:

Dort schreibst Du neben jeden Deiner gefundenen Glaubenssätze die positive Entsprechung dazu. Finde Sätze, die Deinem Herzen gefallen und Dir gut tun!

Wenn links steht: Ich bin faul, dann schreibe nicht rechts: Ich bin fleissig. Sondern: Ich lebe das Leben in meinem Tempo!
Ich bin zu dick, könnte als Entsprechung den Satz haben: Ich liebe meinen Körper so wie er ist, und das ist gut so!

Manchmal braucht es einige Zeit, um den richtigen Satz für die rechte Seite zu finden, aber mit der Zeit wirst Du immer besser darin, das ist auch immer eine Gewöhnungssache. Und Du bist es vielleicht auch garnicht gewohnt, solche Sachen über Dich zu denken, geschweige denn aufzuschreiben!

Wenn Du damit fertig bist, halte das Blatt in der Hand und schließe die Augen. Konzentriere Dich auf die alten Glaubenssätze und treffe mit Dir selber die Vereinbarung sie gehen zu lassen, da sie für Dich keine Gültigkeit mehr haben. Fühle dabei ein Gefühl der Freiheit, stelle Dir vor wie Du diese ganzen Sätze auf einen Ballon schreibst und ihn wegfliegen lässt. Was Du natürlich auch gerne als Ritual machen kannst.

Jetzt schneiden wir erstmal den Zettel in 2 Hälften und zerreissen die linke Seite mit den negativen Sätzen in kleine Stücke. Danach verbrennst Du die Reste in einem Ritual und kannst Dich mit dem aufsteigenden Rauch von Ihnen verabschieden, sie lösen sich vor Deinen Augen auf! Solche Rituale sind sehr wichtig und kraftvoll, wenn man etwas verändern möchte.

Dann liest Du Dir die rechte Seite mit den positiven Sätzen, die Du gefunden hast nochmals durch und schenke ihnen in der nächsten Zeit Deine ganze Aufmerksamkeit. Verfahre mit Ihnen, wie mit den Affirmationen, wie im letzten Kapitel beschrieben. Da kommt es wirklich auf Kontinuität an, und Du wirst merken, wie sich die Dinge zu ändern beginnen.

Ich möchte Dir jetzt noch ein paar Beispiele für liebevolle Glaubenssätze geben. Lass es einfach mal auf Dich wirken und stell Dir vor, dass Du IMMER, egal ob im Alltag, in einer schwierigen Situation oder wenn Du meinst einen Fehler gemacht zu haben, so locker und voller Liebe damit umgehst und Folgendes über Dich und zu Dir selber sagst und denkst:

- Es ist schon in Ordnung so! Beim nächsten Mal mache ich es dann eben besser!

- Ich habe eine tolle Arbeit geleistet!
- Es muss einen guten Grund dafür geben, dass ich mich so verhalten habe!
- Meine Gefühle und Bedürfnisse ernst zu nehmen ist absolut in Ordnung!
- Das konnte ich nicht wissen!
- Wenn jemand mich verurteilt, ist das sein Problem!
- Ich bin ein liebenswerter Mensch!
- Ich habe das Recht glücklich zu sein, ganz egal was geschieht!
- Ich muss nicht gewinnen, es reicht mir völlig Spass zu haben!

Und? Wie fühlt sich das an? Friedlich, liebevoll und voller Respekt vor Dir selber! Das sollte die Regel sein und das ist möglich! Beginne jetzt damit achtsamer zu sein, was Dein Denken über Dich angeht und es verwandelt sich Stück für Stück!

Zu guter letzt mal wieder eine kleine Geschichte zu dem Schatz, der in unserem Inneren verborgen ist. Es ist alles angelegt, was wir wissen müssen, wir brauchen nur manchmal einen Schlüssel dazu und meine Methode ist sicherlich einer davon!

Die Geschichte von der grössten Kraft des Universums

Ein altes Märchen erzählt von den Göttern, die zu entscheiden hatten, wo sie die größte Kraft des Universums verstecken sollten, damit sie der Mensch nicht finden könne, bevor er dazu reif sei, sie verantwortungsbewusst zu gebrauchen.

Ein Gott schlug vor, sie auf der Spitze des höchsten Berges zu verstecken, aber sie erkannten, dass der Mensch den höchsten Berg ersteigen und die größte Kraft finden würde, bevor er dazu reif sei.

Ein anderer Gott sagte, laßt uns diese Kraft auf dem Grund des Meeres verstecken. Aber wieder erkannten sie, dass der Mensch auch diese Region erforschen und die größte Kraft des Universums finden würde, bevor er dazu reif sei.

Schließlich sagte der weiseste Gott: "Ich weiss, was zu tun ist. Lasst uns die größte Kraft des Universums im Menschen selbst verstecken. Er wird niemals dort danach suchen, bevor er reif genug ist, den Weg nach innen zu gehen".

Und so versteckten die Götter die größte Kraft des Universums im Menschen selbst, und dort ist sie noch immer und wartet darauf, dass wir sie in Besitz nehmen und weisen Gebrauch davon machen.

Man würde es heutzutage am ehesten mit dem Internet vergleichen. Auch dort sind alle Informationen vorhanden, wir sind weltweit vernetzt. Wenn man die Informationen abrufen möchte, muss man die richtige Methode kennen, bzw. die Adresse oder das richtige Suchwort in die Suchmaschine eingeben. Genauso funktioniert es hier auch - wir müssen nur die richtigen Fragen stellen! Denn alle Antworten sind schon **in uns** vorhanden!

„Was gibt uns wohl den schönsten Frieden, als frei am eigenen Glück zu schmieden?"

(Johann Wolfgang von Goethe)

Kapitel 10

Spiritualität, Vertrauen und Heilung

Wenn Du Glück hast, dann erfüllen sich Deine Wünsche -
wenn Du noch mehr Glück hast, passiert das, was das Beste für Dich ist

(Beate Huppertz-Herrmann)

Als ich im Laufe meiner eigenen Entwicklung und Ausbildung mit einem 10 Punkte Programm zur Heilung konfrontiert wurde, das auch von den Anonymen Alkoholikern genutzt wird, war ich sofort begeistert und mir war klar, das es sehr hilfreich ist, bis....

Ja genau, bis ich zu Punkt 4 kam: Entwickeln Sie Ihren Sinn für Spiritualität!
In diesem Moment war mir schlagartig klar, dass genau das nicht mein Ding ist. Ich und Spiritualität, geht garnicht! Dieser Punkt musste unbedingt übersprungen werden.

Allerdings wusste ich zu dieser Zeit überhaupt noch nicht, dass Spiritualität überhaupt nicht mit Kirche und Relegion zusammenhängen muß, denn genau das war der schwierige Punkt für mich. Mit der Kirche wollte ich schon lange Nichts mehr zu tun haben, denn insbesondere die katholische Kirche, in der ich getauft wurde, hatte für mich nur mit Angst und Einschüchterung zu tun. Ich sollte dieses tun und jenes lassen, weil ich sonst in die Hölle komme! Das hat mir als Kind sehr viel Angst gemacht und es war ein weiter Weg für mich zu meinem heutigen Glauben, an einen liebenden Gott, der für mich nur Gutes will!

Der Gott meiner Kindheit und der Kirche jedoch, schien, laut meiner Oma und dem Pastor, ständig an meinem Leben und meinen Verfehlungen interessiert zu sein. Ich glaubte damals, dass er mich den ganzen Tag beobachtet, nur um mich zu bestrafen, falls ich mal „böse“, ungehorsam oder frech war. Auch wenn ich als Kind nicht jeden Sonntag in die Kirche wollte (und welches kleine Kind will das schon), wurden mir schlimme Höllenszenarien angedroht. Später erkannte ich, dass die Kirche schon seit langer Zeit die Menschen durch Angst gefügig macht und das konnte doch wohl kaum im Sinne eines so liebevollen und friedfertigen Menschen wie Jesus sein, oder?

Jedenfalls wollte ich von dem ganzen Thema Nichts mehr wissen, bis ich, inspiriert durch diesen 10-Punkte-Plan, anfing, mich damit zu beschäftigen, was Spiritualität wirklich bedeutet und dann erkannte, wie friedlich mein Leben dadurch sein kann. Für mich bedeutet es dann endlich die für eine Heilung unerlässlichen Worte:

Loslassen und Gottvertrauen

Für die Vernunftmenschen unter uns, ist der Gedanke einer höheren Macht zu vertrauen einfach nur naiv, unreif und albern. Sie haben wahrscheinlich in ihrem Leben genauso wie ich auch die Lektion gelernt, die da besagte:

Hilf Dir selbst, sonst tut es keiner

Diese höhere Macht muß nicht Gott heissen und sitzt wahrscheinlich auch nicht auf einer weissen Wolke. In den Zeiten, wo es mir schlecht ging, hatte ich allerdings doch manchmal den Verdacht, dass er auf einer Wolke sitzt, mein kleines bemühtes Leben betrachtet und sich die Zeit damit vertreibt, sich neue Gemeinheiten für mich auszudenken. Du kannst Dir sicherlich denken, dass diese Gedanken keine gute Basis für eine Entwicklung hin zu Glück und Freude am Leben waren.

Auch habe ich mich lange gefragt, was diese Spiritualität und das Vertrauen für positive Einflüsse auf mein Leben haben könnten, und ich bin zu folgender Erkenntnis gekommen: Es nimmt mir die Last der ständigen Verantwortung ab, die schon viel zu lange auf meinen Schultern gelegen hat. Indem ich mich so alleine fühlte und nicht sehen konnte, dass ich mit Allem in der Natur und im Universum verbunden bin, war ich ständig verkrampft und in Hab- Acht-Stellung, immer einsatz- und kampfbereit, immer auf der Hut. Ich konnte niemals loslassen und stand ständig unter Strom, um jederzeit bereit zu sein, zu entscheiden und einzugreifen. Die Last auf den Schultern war lange Zeit ständig präsent, und das nicht nur in geistiger Hinsicht, sondern auch in meinem Körper. Schulter-, Rücken- und Nackenschmerzen waren mein ständiger Begleiter und gehören bei einem Großteil der Menschen heute zum Alltag. Und das, obwohl die körperliche Arbeit in den letzten Jahrzehnten lange nicht mehr so hart ist wie früher.
Spiritualität ist einer der Schlüssel zur vollständigen Heilung und ich habe auf meinem Weg zu ihr 4 Schritte gefunden, die unser Leben verändern können, wenn wir

unsere Gedanken darauf ausrichten. Hier sind die 4 Schritte:

1. Wer auch immer Dir gerade in Deinem Leben begegnet, es ist genau die richtige Person. Niemand tritt zufällig in unser Leben! Jeder, der Dich umgibt ist da, um Dir etwas beizubringen, dass Dich in Deiner Entwicklung und bei der Lösung Deiner Probleme weiterbringt.

2. Was auch immer Dir gerade in Deinem Leben passiert, es ist genau das was passieren konnte und sollte. Absolut Nichts von dem was da vorgeht, hätte anders sein können. Oft sagen wir und denken darüber nach, wie es wohl wäre, wenn wir bestimmte Dinge anders gemacht oder entschieden hätten. Wir denken, dass dann Alles anders gekommen wäre, aber das wäre es nicht. Denn dann hätte die Lektion sich eine andere Situation ausgesucht, um Dich zu finden und Dir beim Vorwärtskommen zu helfen. In Deinem eigenen, und nur für Dich zutreffenden, Lebensplan ist jede Situation perfekt für Dich gemacht, um vorwärts zu kommen. Unser Verstand und auch das Ego wehren sich natürlich dagegen, aber nach einer gewissen Zeit, erkennen auch sie zumeist, dass dieses Ereingnis Dein Leben zum Besseren verändert hat.

3. JETZT ist immer der richtige Moment. Alles was passiert, findet genau im passenden Moment statt, nicht früher und nicht später. Wenn Du in Deinem Leben an eine Stelle kommst, wo Du für genau diese Erfahrung bereit bist, dann tritt sie in Dein Leben.

4. Was vorbei ist, ist vorbei. Auch das Ende von Situationen, Beziehungen und Lebensabschnitten, passiert im richtigen Moment. Solange Du versuchst festzuhalten, was gehen will oder gehen muß, ist es als wenn Du versuchst in einem Fluß gegen den Strom zu schwimmen.

Lass es gehen, sei dankbar für die Erfahrungen und schönen Zeiten, die es mit sich gebracht hat. Denk voller Liebe und ohne Groll zurück und wende Dich dann der Zukunft zu, die noch soviele schöne Dinge für Dich bereit hält. Du kannst sie nur noch nicht sehen, solange Du nach hinten schaust. Hab Vertrauen - es ist gut für Dich gesorgt.

Selbst wenn Du (noch) nicht an die Existenz einer höheren Macht glaubst, kannst Du versuchen so zu denken und zu handeln, als glaubtest Du daran. Dann kannst Du zumindest schon ein wenig der großen Erleichterung verspüren, die es bedeutet, Alles was man selber nicht bewältigen kann, an diese Macht zu übergeben. Eine wunderbare Übung dazu sind die Affirmationen, die ich Dir in Kapitel 8 ans Herz gelegt habe. Meine Lieblingsaffirmation ist:

Ich liebe das Leben und das Leben liebt mich

Man könnte für das Wort Leben auch die Worte Gott, Natur, Kosmos, Welt oder Universum einsetzen, aber für mich ist es genau so stimmig. Mein Gott wohnt sowieso nicht in einer Kirche, sondern in der Natur. Ich erkenne ihn in jedem dieser kleinen Wunder der Schöpfung. Wenn Du Dir mal eine Blume näher anschaust, erkennst Du das Wunder darin, alle Bäume, die im Frühling wieder Blätter haben und all die kleinen Tiere, die alle eine wichtige Aufgabe in der Natur haben. Nichts passiert willkürlich, sondern folgt einem großen Gesamt-Plan. Und genauso ist auch jeder Mensch Teil dieses großen Plans. Es ist ein wunderbares Gefühl einen Baum zu umarmen und ihm zu danken, für sein Sein, seine Schönheit, den Schatten und den Sauerstoff, den er uns spendet. In diesen Momenten empfinde ich soviel Ruhe und habe sogar das Gefühl, durch den Baum Energie zu bekommen! Versuch es doch einfach auch mal!

Das ist so ein friedlicher Gedanke und vermeidet sehr viel Angst, Stress und Sorgen in unserem Leben. Als meine Kinder klein waren hatte ich ständig Angst, dass Ihnen Etwas passieren könnte. Ich ließ sie nicht mal alleine den (ungefährlichen) Schulweg bestreiten, obwohl das für die Entwicklung von Kindern sehr förderlich ist. Ich habe sie sehr eingeengt mit meiner Angst und das Alles nur weil ich täglich einen Anruf von meiner Oma bekam, die ein sehr ängstlicher Mensch war, und die mir einimpfte, dass ich immer auf der Hut vor dem Bösen sein müsste. Immer auf die Kinder achten, nie zur Ruhe kommen und loslassen, denn das würde ich dann bitter bereuen, wenn was passiert.

Mein Leben ist heute soviel gelassener, ich konnte endlich loslassen und vertrauen. Spiritualität entwickeln bedeutet im Grunde auch deinen Eigensinn aufzugeben, dass Alles nach Deiner Nase laufen muss, weil nur dieser eine Weg der Richtige ist.

Hier ein wunderbares Gedicht zum Thema Vertrauen:

Spuren im Sand

Eines Nachts hatte ich einen Traum:
Ich ging am Meer entlang mit meinem Herrn.
Vor dem dunklen Nachthimmel erstrahlten,
Streiflichtern gleich, Bilder aus meinem Leben.
Und jedes Mal sah ich zwei Fußspuren im Sand,
meine eigene und die meines Herrn.

Als das letzte Bild an meinen Augen vorüber gezogen war,
blickte ich zurück.
Ich erschrak, als ich entdeckte, dass an vielen Stellen
meines Lebensweges nur eine Spur zu sehen war.

Und das waren gerade die schwersten Zeiten meines Lebens.

Besorgt fragte ich den Herrn: "Herr, als ich anfing, dir nachzufolgen,
da hast du mir versprochen, auf allen Wegen bei mir zu sein.
Aber jetzt entdecke ich, dass in den schwersten Zeiten meines Lebens
nur eine Spur im Sand zu sehen ist.
Warum hast du mich allein gelassen, als ich dich am meisten brauchte?"

Da antwortete er: "Mein liebes Kind, ich liebe dich und werde dich nie allein lassen,
erst recht nicht in Nöten und Schwierigkeiten.
Dort wo du nur eine Spur gesehen hast,
da habe ich dich getragen."

(Margaret Fishback Powers)

Ohne die Entwicklung von Spiritualität ist es so gut wie unmöglich, das durch Aufopferung kontrollierende Verhalten Anderen und Dir selbst gegenüber aufzugeben. Bei einer Lebenskrise ist Spiritualität der Fels in der Brandung, eine Instanz, an die Du Dich wenden kannst, die größer ist als Du und die Dir wohlgesonnen ist. Indem Du in spiritueller Hinsicht für Dich sorgst, brauchst Du keine anderen Menschen, von denen Du Dich abhängig fühlst, Du bist kein Opfer mehr und erlangst die Kontrolle über Dein Leben wieder.

Spiritualität bedeutet für mich heute:

- das Göttliche in mir selbst zu erkennen
- in allen Ereignissen einen tieferen Sinn zu erkennen, denn wenn der Tag auch mal nicht Dein Freund ist, so ist er sicher Dein Lehrer
- das Göttliche in jedem Menschen, in jedem Wesen, in der Natur wahrzunehmen und zu schätzen
- Dankbarkeit für die Schöpfung
- Dankbarkeit am Leben zu sein

Ein wunderbares Buch zu dem Thema ist das Buch „Gespräche mit Gott“ von Neale Donald Walsh.

Hier noch eine schöne Geschichte zum Thema Glauben und wie wichtig es ist mal über seinen Tellerrand hinauszusehen, denn nur weil wir Manches nicht sehen können, heisst es nicht, dass es nicht existiert.

Gibt es ein Leben nach der Geburt?

Ein ungeborenes Zwillingspärchen unterhält sich im Bauch seiner Mutter.

"Sag mal, glaubst du eigentlich an ein Leben nach der Geburt?" fragt der eine Zwilling.

"Ja auf jeden Fall! Hier drinnen wachsen wir und werden stark für das was draußen kommen wird." antwortet der andere Zwilling.

"Ich glaube, das ist Blödsinn!" sagt der erste. "Es kann kein Leben nach der Geburt geben - wie sollte das denn bitteschön aussehen?"

"So ganz genau weiß ich das auch nicht. Aber es wird sicher viel heller als hier sein. Und vielleicht werden wir herumlaufen und mit dem Mund essen?"

"So einen Unsinn habe ich ja noch nie gehört! Mit dem Mund essen, was für eine verrückte Idee. Es gibt doch die Nabelschnur, die uns ernährt. Und wie willst du herumlaufen? Dafür ist die Nabelschnur viel zu kurz."

"Doch, es geht ganz bestimmt. Es wird eben alles nur ein bisschen anders."

"Du spinnst! Es ist noch nie einer zurückgekommen von 'nach der Geburt'. Mit der Geburt ist das Leben zu Ende. Punktum."

"Ich gebe ja zu, dass keiner weiß, wie das Leben nach der Geburt aussehen wird. Aber ich weiß, dass wir dann unsere Mutter sehen werden und sie wird für uns sorgen."

"Mutter??? Du glaubst doch wohl nicht an eine Mutter? Wo ist sie denn bitte?"

"Na hier - überall um uns herum. Wir sind und leben in ihr und durch sie. Ohne sie könnten wir gar nicht sein!"

"Quatsch! Von einer Mutter habe ich noch nie etwas bemerkt, also gibt es sie auch nicht."

"Doch, manchmal, wenn wir ganz still sind, kannst du sie singen hören. Oder spüren, wenn sie unsere Welt streichelt...."

(nach Henry Nouwen)

Der Mensch kann nicht leben ohne ein dauerndes Vertrauen zu etwas Unzerstörbarem in sich, wobei sowohl das Unzerstörbare als auch das Vertrauen ihm dauernd verborgen bleiben können.

(Franz Kafka, Schriftsteller, 1883 - 1924)

Kapitel 11

Die Kraft der Dankbarkeit

"Wenn Du am Morgen aufstehst, denke daran, was für ein köstlicher Schatz es ist, zu leben, zu denken, sich zu freuen und zu lieben!"

(Marcus Aurelius 121-180, römischer Kaiser)

Eines der wichtigsten Werkzeuge auf dem Weg zur Heilung ist die Dankbarkeit. Im Falle von Essstörungen ist es besonders die Dankbarkeit für unseren Körper und unsere Nahrung! Erst wenn wir Beides wieder lieben und wertschätzen gelernt haben, werden wir eine Einstellung dazu haben, die es uns unmöglich macht schlecht und genusslos damit umzugehen. Eine wichtige Voraussetzung für eine bewusste und gesunde Ernährung und somit für einen schönen Körper.

Wir vergessen leider zu oft, dass unser Leben und das reibungslose Funktionieren des Körpers nicht selbstverständlich ist. Das Herz schlägt jeden Tag rund um die Uhr, ohne, dass wir etwas Besonderes dafür tun müssen. Wenn mein Gehirn denkt, dass ich eine Tasse Kaffee trinken möchte, setzt es die richtigen Muskeln in Bewegung um die Tasse zum Mund zu führen. Gerade was das

Herz angeht, merken viele Menschen erstmals seine Bedeutung, wenn es seine Arbeit nicht mehr regelmässig und selbstverständlich verrichtet. Wenn es ins Stolpern gerät oder einen Infarkt erleidet. Dann erst beginnen wir uns darum zu kümmern und es bewusst wahr zu nehmen. Es hat, wie auch der Rest des Körpers über die ganzen Jahre klaglos hingenommen, wenn wir es schlecht behandelt haben. Rauchen, Alkohol, zuviel und ungesundes Essen, zuwenig frische Luft und Bewegung......!

Der Körper hat uns gedient und Alles mitgemacht, zuviel fette Nahrung, dann wieder wochenlanger Verzicht, vielleicht eine Diät, bei der man nur Eier isst, oder versucht sich mit Hilfe von Appetitzüglern vom Essen abzuhalten. Die Haut hat sich gedehnt und meist auch wieder zusammengezogen, je nach Alter! Und trotz dieser stillschweigenden Liebesdienste haben wir den Körper beschimpft und beleidigt. Wer hat sich nicht schon im Spiegel betrachtet und geschimpft: „Wie seh ich denn aus? Diese dünnen Haare, dieser schwabbelige Bauchspeck und die fetten Oberschenkel! Die Brüste könnten auch besser sein und nicht so hängen und dann erst diese Hühnerhaut unter den Oberarmen, widerlich!!“ Ich glaube, es gibt kaum einen von uns, der das nicht kennt!

Wie wäre es, sich einmal vor den Spiegel zu stellen und völlig unvoreingenommen zu betrachten, mit den Augen eines ganz kleinen Kindes! Ganz ohne Bewertung, so als wäre Alles was Du siehst ganz neu für Dich! Es gibt noch keine Geschichten und keine Urteile über All das was Du siehst. Es ist, als wenn Du eine Blume betrachtest, ohne zu wissen, dass es eine bestimmte Blume ist und wie sie heisst!

Du betrachtest dieses Etwas und fragst Dich einfach nur, ob Dir die Farbe, Form und der Duft gefällt, ohne daran zu denken, welche Blume in den Augen der Gesellschaft wertvoll ist und welche Unkraut! Schau neugierig, wie ein Kind, das eine unbekannte Welt entdeckt. Es geht nur nach Deinem Empfinden, nicht nach erlernten Denkmustern.

Sieh Deinen Körper an und sieh Dir in die Augen. Alles was Du siehst ist ein unglaublich präzise funktionierendes Wunderwerk der Natur! Und ausserdem etwas unglaublich Schönes.

Sieh Deine Hände an und erkenne deren wahre Schönheit. Denk nicht daran, dass sie faltig sind, eventuell schon ein paar Flecken haben oder ein paar Schwielen. Nein, Du erkennst erstmals diese schöne Haut mit den kleinen Poren, Du siehst vielleicht eine Ader durch die das lebenswichtige Blut fliesst und Du denkst an die unglaublich sensiblen Fingerspitzen, die so sanft über etwas streichen können und damit erkennen, was es ist. Die Hand, die sanft das Köpfchen des Babies hält und deren Handrücken so empfindlich ist, dass wir dort die richtige Temperatur für die Babynahrung testen können. Die Hand, die sich liebevoll auf die Stirn oder den Bauch des Kindes legt um ohne Thermometer erkennen zu können, ob es fiebert. Die Hand, die so begeistert klatschen kann, wenn Dir etwas gut gefällt und die Hand, die einen Löffel mit Deinem Lieblingsessen zum Munde führt. Die Hand, die sich auf die Hand Deiner Mutter legt und ihr Trost spendet, die Hand, die die Hand des oder der Liebsten hält, wenn ihr spazieren geht!

Ich könnte hier endlos weiter aufzählen und dabei geht es erstmal nur um die Hand! Sieh das in Deinem Körper, was er Schönes ist und Schönes kann. Er ist mehr als die Summe der Organe und das Objekt Deiner Beschimpfungen. Und vor Allem ist er es nicht schuld, dass Du mit seiner Form nicht zufrieden bist! Er ist nur brav Deinen Anweisungen, Deinem Denken und Deinen Taten gefolgt - das ist seine Aufgabe! Und das Gleiche wird er auch wieder tun, wenn Du neue Gedanken zum Thema „Selbstliebe“ und „Ich liebe meinen Körper“ denkst! Niemand wird glücklicher sein, als Dein Körper, wenn er die Liebe, die Achtsamkeit und den Respekt von Dir bekommt, die er verdient.

Die Dankbarkeit ist eines der wichtigsten Instrumente auf dem Weg zu einem glücklichen erfüllten Leben! Das gilt natürlich nicht nur für den Körper, sondern für alle unsere Lebensbereiche. Wenn wir uns angewöhnen für die Lebensmittel, die wir zu uns nehmen tiefe Dankbarkeit zu empfinden, wird sich sehr viel in diesem Bereich ändern. Ich habe es mir angewöhnt, vor jedem Essen und bei jedem Getränk dafür Danke zu sagen. Früher gab es das sogenannte Tischgebet, das war eigentlich keine schlechte Sache, auch wenn wir Kinder es schrecklich fanden. Wahrscheinlich weil es wieder mal so ein Ritual war, das wir nicht verstanden haben und das uns davon abhielt das Essen zu essen. Schöner wäre gewesen, wenn die Erwachsenen den Kindern erklären würden, warum sie dankbar sind für das Essen und das es nicht selbstverständlich ist, dass wir es haben. Aber am Wichtigsten ist natürlich der vorbildliche Umgang damit. Denn Vorbild sein ist nach wie vor die beste Form seinen Kindern etwas Gutes beizubringen. Wer selber seine Nahrung und seinen Körper nicht wertschätzt, kann es auch nicht weitergeben. Diese Tischgebete waren in einer Zeit populär, wo der Krieg mit all seinen Entbehrungen noch nicht lange vorbei war und die Menschen sehr dankbar waren, überhaupt etwas zu Essen zu haben. Allerdings war man damals auch aus dem gleichen Grund ausgesprochen unkritisch den Lebensmitteln gegenüber und je fetter das Essen und je mehr Fleisch auf dem Teller lag, je dankbarer war man dafür, da genau das als Wohlstand galt. Es wurde weniger darauf geachtet, wie gesund das Essen war, als das man damit beeindrucken konnte.

Vielleicht beginnst Du ja heute noch damit, Dir Dankbarkeit für gute und gesunde Lebensmittel anzugewöhnen, die vorteilhaft für Deine Gesundheit und Dein Wohlbefinden sind, es wäre ein sehr wichtiger Schritt in die richtige Richtung. Denn wenn wir die Dinge schätzen und darüber nachdenken, was passieren musste, damit sie jetzt für uns zur Verfügung stehen, bekommt man automatisch ein anderes Verhältnis zu ihnen. Man wird mit der Zeit immer mehr darauf achten, dass es gute Dinge sind, die man zu sich nimmt und für die man dankt!

Vielleicht denkst Du jetzt: Oje, diese ganzen Übungen und auf was ich Alles achten und an was ich Alles denken soll!

Halb so schlimm, ich hab auch zuerst gedacht, das wäre mir zu anstrengend und ich käme zu nichts Anderem mehr, aber das Gute ist, wenn man eine Sache 90 Tage lang kontinuierlich gemacht hat, wird sie zur Gewohnheit. Und dann musst Du keinen Gedanken mehr daran verschwenden, es wird Dir in Fleisch und Blut übergehen. Es ist wie beim Autofahren. Am Anfang befürchtete ich auch, ich lerne das nie, gleichzeitig zu schalten, zu kuppeln, zu blinken, über die Schulter zu schauen, auf die Verkehrsschilder und anderen Leute zu achten usw. usw....!

Und, wie ist es heute?? Ist es nicht so, dass ein Automatismus eingetreten ist und wir manchmal so in Gedanken Autofahren, dass wir erschreckt merken, dass wir garnicht wissen, wie wir jetzt von A nach B gekommen sind? Genauso funktioniert es mit allen Sachen im Leben. Das Gehirn ist immer lern- und entwicklungsfähig. Es ist nicht statisch und unveränderbar, sondern in der Lage nach einer gewissen Zeit, die man eine Sache tut, neue neuronale Verbindungen herzustellen, also neue Gewohnheiten anzunehmen.

Daher ist es so wichtig eine Zeitlang am Ball zu bleiben und nicht sofort aufzugeben, es lohnt sich wirklich!! Du kannst Dir ja aus all den Vorschlägen erstmal das Wichtigste rauspicken und 3 Monate lang damit arbeiten, dann ist es nicht soviel für den Anfang! Wenn Du dann mehr machen möchtest, kein Problem ☺

Man kann jede schlechte Gewohnheit in eine Gute verwandeln, eine sehr schnelle und effektive Methode dazu stelle ich Dir in Kapitel 17 vor, das Meridian-Tapping. Durch die die Berührung spezieller Meridian-Punkte im Körper und das gleichzeitige Sprechen von Affirmationen und Glaubenssätzen kann man Erfolge innerhalb von Minuten erzielen.

Ich würde als erste Übung empfehlen, sich die Gedanken der Dankbarkeit vor den Mahlzeiten anzugewöhnen. Essen und Nahrung sind lebenswichtig für uns, jeder weiss, dass man nach einer gewissen Zeit ohne Nahrung stirbt, ohne Trinken sogar noch eher! Wir fühlen uns schwach und schwindelig, wenn wir zu lange nichts gegessen oder getrunken haben. Denke doch einmal ganz bewusst darüber nach, wer Alles beteiligt war, am Anbau, der Ernte, der Herstellung, der Weiterverarbeitung, dem Transport, dem Verkauf und auch der Zubereitung der Nahrung, die Du jetzt gerade vor Dir auf dem Teller hast. Ist es nicht ein Wunder und auch ein Geschenk von Mutter Erde, die das Alles hat möglich gemacht, hat wachsen und gedeihen lassen. Die Artenvielfalt, diese Gerüche und Geschmäcker? Die uns das Wasser schenkt, ohne dass unser irdisches Leben garnicht möglich wäre!

Sage laut oder in Gedanken ein Dankeschön an all diese Menschen und Umstände und fühle das Glücksgefühl darüber in der Magengrube. Das ist ein wichtiger Aspekt, dass Dein Körper es ernst meint und Du es nicht einfach so dahersagst, wie vielleicht früher das Zwangs-

Tischgebet bei den Großeltern. Konzentriere Dich auf den Geschmack und tue Dir nur soviel auf den Teller, wie Du essen möchtest, denn zuviel Nahrung wegzuwerfen ist kein Zeichen von Wertschätzung, und die ist ein sehr wichtiger Faktor beim Thema Dankbarkeit.

In diesem Punkt waren uns die Ureinwohner Amerikas, die Indianer, ein grosses Stück Voraus. Sie bedankten sich für Alles was die Natur Ihnen schenkte und brachten den Dingen grosse Wertschätzung entgegen. Sie dankten dem erlegten Tier dafür, dass es gestorben ist, um ihnen Nahrung zu spenden und sie dankten Mutter Erde für die Früchte, die sie wachsen liess. Sie dankten dem Baum bevor sie ihn fällten, um daraus ein Kanu zu bauen. Lernen wir doch wieder achtsamer mit den Dingen umzugehen, die wir geschenkt bekommen haben. Das Leben, unser Körper und die Nahrung und das Wasser! Und noch sovieles mehr!!

Dankbarkeitsübung für den Körper

Lege oder setze Dich so gemütlich wie möglich hin und sorge dafür, dass Du in der nächsten Viertelstunde nicht gestört wirst.
Schliesse die Augen und atme ganz tief durch die Nase ein und zähle dabei langsam bis 4, halte einen Moment an, indem Du langsam bis 4 zählst und atme dann durch den Mund wieder aus, während Du nochmals langsam bis 4 zählst! Nicht pusten sondern so, als wenn Du Etwas aus dem Körper rausatmen möchtet. Das Ganze bitte 4 mal wiederholen!

Dann beginnst Du mit den Füssen, richtest Deine gesamte Konzentration auf sie und sagst laut:

Ich bin meinen Füssen so dankbar, weil

____

______________________________!

(Das kann z.B. sein, dass Du durch sie laufen kannst, joggen gehen, stehen ohne Umzufallen und es sich wunderbar anfühlt mit ihnen durch warmen Sand zu laufen)

Ich bin meinen Beinen so dankbar, weil

____

______________________________!

Ich bin meinem Schoss so dankbar, weil

____

______________________________!

Ich bin meinem Bauch so dankbar, weil

____

______________________________!

Ich bin meinen inneren Organen so dankbar, weil

____

______________________________!

Ich bin meinen Brüsten so dankbar, weil

____

______________________________!

Ich bin meinem Herz so dankbar, weil

____

______________________________!

Ich bin meinen Rücken und den Schultern so dankbar, weil

____

______________________________!

Ich bin meinen Augen und Ohren so dankbar, weil

____

____________________________!

Ich bin meine Mund und Hals so dankbar, weil

____

____________________________!

Ich bin meinen Armen und Händen so dankbar, weil

____

____________________________!

Diese Übung so oft wie möglich wiederholen! Wer es schriftlich machen möchte kann sich diese Übung als PDF herunterladen. Den Link dazu findest Du hinten im Buch.

Was könntest Du heute tun um Deinem Körper zu danken? Überlege Dir mindestens 3 Dinge, die Du heute oder morgen für ihn tun kannst! Aus Dankbarkeit über sein wunderbares Funktionieren! Er atmet automatisch für Dich lebenswichtige Luft, Du hast Hände und Arme, die Dein Kind oder Deinen Partner umarmen und berühren können, Du hast Augen, mit denen Du sehen kannst, wie das Laub sich an den Bäumen langsam färbt und die Sonne drauf scheint, Deine Haut geniesst die noch warmen Sonnenstrahlen! Warte nicht drauf, dass Eines davon nicht mehr da ist, um dann zu jammern - geniesse es heute und verspüre Dankbarkeit! Wie wäre es damit, wenn Du Dir gleich im Drogeriemarkt ganz in Ruhe ein schönes neues Duschgel aussuchst, an Einigen riechst, Dir überlegst ob Du lieber Öl oder Creme auf der Haut spüren möchtest und nach welchem Geruch Dir der Sinn steht. Dazu vielleicht einen schönen Schwamm, der aus dem wohlriechenden Duschgel herrlichen feinen Schaum auf Deiner Haut macht!! Eine neue Teesorte und ein herrlicher Spaziergang im Park, bei dem man ganz bewusst ein- und ausatmet und dankbar für die frische Luft ist! Ein besonderes Essen, auf das Du Lust hast! Kaufe die besonderen Zutaten ein und koche es in Ruhe mit schöner Musik, mit oder ohne Partner oder Kinder, trinke ein Gläschen Küchenwein dazu und decke den Tisch auch für Dich so ein, als wenn Du hohen Besuch erwartest. Denn das tust Du ja – Dich selbst!!!!!! Es gibt soooo viele Möglichkeiten, finde Deine Eigene und lasse es Dir so richtig gut gehen - Dein Körper ist ein Wunderwerk der Natur und einzigartig, sorge gut für ihn !

Und auch unser Leben ist nicht selbstverständlich, sondern ein Geschenk, behandeln wir es doch als solches! Packen wir es aus und erfreuen uns dran, so gut wie es nur irgend geht, mit viel Genuss und Lebensfreude! Auch wenn es Dir jetzt zu einfach erscheint, aber der Sinn des Lebens ist ganz einfach: Wir sollen es geniessen und das Beste daraus machen, so hat es die Schöpfung vorgesehen und alles Mögliche dafür vorbereitet! Eine wunderbare Natur, Nahrung, Wasser, Sonnenuntergänge, das Rauschen der Wellen am Meer und vieles mehr.

Hier ein paar interessante Zahlen, die in mir ziemlich viel Demut und Dankbarkeit auslösen:

Wenn man die Weltbevölkerung auf ein 100 Seelen zählendes Dorf reduzieren könnte und dabei die Proportionen aller auf der Erde lebenden Völker beibehalten würde, wäre dieses Dorf folgendermaßen zusammengesetzt:

57 Asiaten,
21 Europäer,
14 Amerikaner (Nord-, Zentral- und Südamerikaner),
8 Afrikaner.

Es gäbe:
52 Frauen und 48 Männer,
30 Weiße und 70 Nicht-Weiße,
30 Christen und 70 Nicht-Christen,
89 Heterosexuelle und 11 Homosexuelle.

6 Personen besäßen 59% des gesamten Reichtums, und
alle 6 kämen aus den USA,
80 lebten in maroden Häusern,
70 wären Analphabeten,
50 würden an Unterernährung leiden.
1 Person wäre dabei, zu sterben,
1 stünde kurz vor der Geburt,
1 besäße einen Computer,
1 (ja, nur eine) hätte einen Universitätsabschluss.

Wenn Du heute Morgen aufgestanden bist und gesund warst, hattest Du mehr Glück als die Millionen Menschen, die nächste Woche nicht mehr erleben werden.

Wenn Du noch nie im Krieg, in Gefangenschaft, im Todeskampf der Folter oder die Verzweiflung des Hungers des Hungers gespürt hast, geht es Dir besser als 500 Millionen Menschen.

Wenn Du Deine Religion und Deinen Glauben leben kannst, ohne Angst haben zu müssen bedroht, gefoltert oder getötet zu werden, hast Du mehr Glück als 3 Milliarden Menschen.

Wenn Du Essen im Kühlschrank, Kleider am Leib, ein Dach über dem Kopf und einen Platz zum Schlafen hast, bist Du reicher als 75% der Menschen dieser Erde.

Wenn Du Geld auf der Bank, in Deinem Portemonnaie und im Sparschwein hast, gehörst Du zu den privilegiertesten 8% dieser Welt.

Wenn Deine Eltern noch leben und noch verheiratet sind, ist das schon fast ein Wunder.

Wenn Du das hier lesen kannst, bist Du ebenfalls gesegnet, weil Du nicht zu den zwei Milliarden Menschen gehörst, die nicht lesen können.
(Diese Berechnungen stammen von Dr. Philip Harter von der Medizinischen Fakultät der Stanford-Universität, Kalifornien.)
Und noch einige triftige Gründe dafür, dass es ein wunderbares Wunder ist, dass gerade Du dieses Leben geschenkt bekommen hast:

Bei Deiner Zeugung hattest Du ca. 150 Millionen Konkurrenten - und Du hast gewonnen!

Das diese Zeugung zu einer Schwangerschaft führt, hatte eine Wahrscheinlichkeit von 1 : 100000000!

Bei der Zeugung Deiner Eltern war es nicht anders und wenn Du diese Zahlen zu Ende denkst und noch die Wahrscheinlichkeit eines Treffens Deiner Eltern dazunimmst, kommt eins dabei raus:

Du bist ein Wunder und absolut einmalig!

Du bist heute morgen in einer warmen Wohnung erwacht und als Du den Wasserhahn aufgedreht hast, kam sauberes Wasser heraus. Als Du den Lichtschalter betätigt hast, wurde es hell und als Du den Kühlschrank aufgemacht hast, waren essbare Dinge darin!

Du bist ein Glückspilz!

Bitte nimm Dir ein Blatt und schreibe dort mindestens 10 Dinge auf, für die Du heute dankbar bist! Es sollte auf jeden Fall schriftlich sein, da schriftliche Dinge einfach besser im Gehirn verarbeitet werden können und man schon beim Schreiben eine bessere Verbindung dazu aufbaut. Am besten, wenn man das, was man schreibt mit Gefühlen verstärkt.

Wenn einer der 10 Punkte zum Beispiel ist: Ich bin dankbar für mein leckeres frisches Brötchen und den heissen Kaffee zum Frühstück, dann versuche Dich am besten nochmal kurz in die Situation zu versetzen und den Duft von Kaffee und Brötchen zu riechen! So funktioniert es am Besten.

Wenn Du diese Liste heute den ganzen Tag im Kopf behälst, oder in der Jackentasche und dann vielleicht noch an das Wunder Deiner Existenz denkst, ist es doch fast unmöglich sich auf die 2 Dinge zu konzentrieren, die vielleicht nicht ganz so rund gelaufen sind heute, oder?

Und falls doch: Es ist einzig alleine Deine Entscheidung, ob es heute ein Glückstag für Dich ist, oder Du Alles Mist findest!

Lass es nicht zu, dass Du am Ende Deines Lebens traurig zurückblickst, ob der vielen verpassten Chancen und schönen Tage. Sondern mit dem Gedanken:

Wow, das war super – ich hab das Beste draus gemacht!

Je ne regret rien !

Es sollte nicht sein, dass man Dinge erst geniessen kann, wenn sie nicht mehr da sind. Menschen, die z.B. erblindet sind, oder ein Körperteil verloren, einen geliebten Menschen oder ein Tier. Das Dach über dem Kopf oder den elektrischen Strom, ihre Gesundheit oder den Frieden in ihrem Land, diese Menschen können sicher ein Lied davon Singen und bereuen es, vorher nicht mehr genossen zu haben!

Lassen wir es erst garnicht soweit kommen ♥

Wie wäre es, wenn Du Dir ein Dankbarkeitstagebuch anschaffst und jeden Tag (am Besten abends) ein paar Dinge dort einträgst, für die dankbar bist oder an diesem Tag warst? Oder lege Dir einen besonders schönen Stein auf den Nachttisch und wenn abends Dein Blick darauf fällt, nimm ihn in die Hand und sage DANKE für das, was Dich heute am dankbarsten gemacht hat.

„Wenn du dankbar bist,

freust du dich an Allem zweimal."

(Sam Hazo)

Kapitel 12

Vergebung

Nicht vergeben wollen ist wie Gift trinken und hoffen, dass der Andere daran stirbt

(Buddha)

Nach Selbstliebe und Dankbarkeit ist die Vergebung einer der Eckpfeiler unserer Heilung. Damit ist einerseits die Vergebung für Andere und andererseits die Vergebung für uns selber gemeint.
Vergebung ist nichts, das man wie auf Knopfdruck herbeiführen kann, es ist ein innerer Prozess, dem wir uns von ganzem Herzen öffnen müssen. Für das Vergeben ist das Verstehen und das Mitgefühl sehr wichtig. Das Verstehen, das ein unbewusst handelnder Mensch nicht logisch oder vernünftig handelt, sondern, wie ich im Kapitel über Glaubenssätze beschrieben habe, eher als ferngesteuerter Roboter. Gesteuert durch das Denken, die Erlebnisse und den Glauben seiner Vorfahren, seiner Erzieher und der Gesellschaft.

Wer sein Kind schlägt, tut es zumeist nicht aus Hass dem Kind gegenüber, sondern weil er, vielleicht von seinen Eltern, gelernt hat, dass sonst kein guter, fleissiger und erfolgreicher Mensch aus diesem Kind wird. Aus heutiger Sicht wissen wir, dass eher das Gegenteil der Fall ist, aber er war zu dieser Zeit der Ansicht das Richtige für sein Kind zu tun. Wenn Deine Eltern oder Bezugspersonen noch leben, frag sie doch einmal nach ihrer Kindheit. Überlege Dir, ob Deine Mutter oder Dein Vater oft von ihren Eltern gelobt wurden oder mehrmals täglich zu hören bekamen, wie toll sie sind und wie sehr sie geliebt werden. Meinst Du, sie hörten oft: Ich bin sooo stolz auf Dich und ich liebe Dich sehr, schön, dass es Dich gibt!

Wie sollten sie das an uns weitergeben? Sie kannten es einfach nicht. Wahrscheinlich galt es in dieser Generation eher als ein Zeichen von Schwäche, zu gut zu seinem Kind zu sein, denn man dachte es damit nicht auf den „Kampf des Lebens“ vorzubereiten, ja es gar zu verzärteln oder zu verweichlichen! Versuche einmal Dir Deine Eltern als kleines Kind von 4 Jahren vorzustellen, voller Wünsche nach Liebe, Glück und Anerkennung – die niemals kam! Wie sollten sie es Dir beibringen?

Wer uns als Kind mit fettigem Essen vollgestopft und gezwungen hat den Teller leer zu essen, stammte wahrscheinlich aus der Kriegs- und Flüchtlingsgeneration, und das Wegwerfen von Essen bereitete ihm körperliches und seelisches Unwohlsein.

Genauso wie bei uns selber, können wir davon ausgehen, dass jeder Mensch zum Zeitpunkt seines Handeln der Meinung war, das Richtige zu tun, sonst hätte er es wohl nicht getan. Und jetzt noch jahrelang darüber ärgerlich zu sein, ändert Nichts, ausser unserer Lebensqualität.

Es soll überhaupt nicht bedeuten, dass die Handlung oder Aussage der anderen Person richtig war oder Du etwas Derartiges verdient hast, sondern es wird einfach nur Dein Leben glücklicher machen.

Ich höre in diesem Zusammenhang oft: Ja, aber... das war so schlimm was er mir angetan hat, es hat mich so verletzt, es hat so wehgetan und es hat mein ganzes leben zerstört.

Ja, es war schlimm und ja es hat Dich sehr verletzt und es war höchstwahrscheinlich auch nicht richtig, was Dir angetan wurde, aber es ist vorbei. Der einzige Mensch, der die Erinnerung daran aufrecht erhält, durch seinen Groll und damit sein Leben zerstört, bist Du! Somit bist Du auch der einzige Mensch, der Dir jetzt und in diesem Moment Schmerzen zufügt. Die andere Person ist möglicherweise schon tot oder erinnert sich nicht mal mehr an Dich, aber Du verletzt Dich ständig aufs Neue mit der Erinnerung daran und dem Gedanken: Das hätte er nicht tun dürfen!

Fakt ist aber - er hat es getan, und sich darüber zu ärgern, macht die Sache noch viel schlimmer. Der Andere denkt wohlmöglich nicht einmal mehr an die Sache und Du verhinderst **DEIN** Glück damit.

Es gibt eine sehr effektive Methode der Amerikanerin Byron Katie, die sich „The Work – lieben was ist“ nennt.
Ein Beispiel:

Du sagst: Mein Vater hätte mich nicht schlagen sollen!
The Work fragt Dich: Ist das wirklich wahr? Kannst Du sicher sein das das wahr ist?
Deine Antwort wird wahrscheinlich lauten: Ja, das ist natürlich wahr – er hätte mich nicht schlagen sollen!
The Work: Wie geht es Dir mit diesem Gedanken?
Deine Antwort wird jetzt wahrscheinlich lauten: Nicht gut!
The Work: Und wie würde es Dir gehen ohne diesen Gedanken?
Ich persönlich könnte ganz klar darauf antworten: Besser! – Und Du wahrscheinlich auch!

Diese Methode ist natürlich noch ein wenig umfassender, aber anhand dieser Fragen wird uns schon recht schnell bewusst, dass es garnicht mehr die Tat oder Handlung ist, die einem Schmerzen bereitet, sondern einzig und allein der Gedanke daran! Und den kannst Du ganz alleine und sofort abschalten. Du hast es also in der Hand vom Opfer zum Handelnden zu werden. Du hast dabei Nichts zu verlieren, nur etwas äusserst Wichtiges zu gewinnen: Deine seelische Freiheit!

Wenn Du mit einer Person oder einer Situation nicht versöhnt bist, kann Dich das innerlich auffressen. Sobald Du Dich entscheidest zu vergeben, bist Du frei und Frieden kann sich in Dir ausbreiten. Endlich!

Ein sehr wichtiger Aspekt ist auch die Vergebung uns selbst gegenüber! Wir haben es bisher so gut gemacht wie wir es konnten, angesichts unserer Glaubenssätze, unseres Wissens und unserer Erfahrungen! Heute würden wir es anders, eventuell besser machen, aber dieses Wissen stand uns zum Zeitpunkt der Entscheidung noch nicht zur Verfügung.

Wir sollten uns vergeben, was passiert ist und vor Allem auch, was wir uns angetan haben und das wir uns das Leben selber deswegen so schwer gemacht haben. Du hast Dich selber am meisten dadurch verletzt, indem Du Dir Deine Liebe entzogen hast. Hör auf mit Dir so streng zu sein und gesteh Dir und der Welt zu nicht perfekt zu sein und Fehler zu machen.

Es ist ein Zeichen von liebevollem Umgang mit sich selber, wenn man Gedanken, die einem nicht gut tun oder nicht hilfreich für die Entwicklung sind, ziehen lassen kann, wie Wolken am Himmel. Einfach mal denken: Ach da seid ihr ja wieder, danke fürs Vorbeischauen, aber in Zukunft komme ich ohne Euch zurecht. Ihr dürft gehen!

Als kleine Übung dazu ist es auch dienlich, sich mal eine ruhige Stunde zu gönnen und sich auf einem Zettel folgende Fragen zu notieren und in Dich hinein zu horchen, welche Antworten da sind und diese auf zu schreiben:

Was denke ich über mich? Stehe ich mir selber eher nachtragend und kritisch oder liebevoll und geduldig gegenüber? Bin ich neugierig auf mich und welche wunderbaren Gaben und Talente in mir verborgen sind? Oder denke ich, dass ich noch viel und hart an mir arbeiten muß um ein besserer Mensch zu werden?

Welche Entscheidungen und Situationen in meinem Leben bedaure ich zu zutiefst? Welche meiner Handlungen sind mir peinlich und ich schäme mich dafür, wenn ich daran denke?

Welche Eigenschaften ärgern Dich an Dir selber am Meisten? Hälst Du Dich für zu schüchtern, zu faul, zu eifersüchtig......?

Was ärgert Dich bei Anderen Menschen am meisten, welche Eigenschaften und Handlungen? All das ist ein Hinweis darauf, was Dich an Dir selber ärgert! Siehe dazu die Übung „Spiegel your life“!

Gab es in Deinem Leben Beziehungen oder Kontakte, die Du Dir selber noch garnicht vergeben hast? Bei denen sich Alles in Dir sträubt, wenn Du daran zurück denkst?

Wie oft denkst Du Sätze wie: Wie konnte ich nur so blöd sein?

Wie schon gesagt, Du hast so entschieden wie es Dir nach Erziehung, Gesellschaft, Vorleben der Eltern und vielem mehr, möglich war! Es mag nicht richtig oder vielleicht sogar blöd gewesen sein, aber schon daran, dass Du es erkennst und nicht mehr darin feststeckst, kannst Du erkennen, wie gut Du Dich seither entwickelt hast. Also kannst Du getrost aufhören Dich für etwas zu schämen, es zu bereuen oder Dich deshalb zu ärgern. Schau nach Vorne, nicht nach Hinten, denn nur Vorne ist noch etwas zu verändern - in der Vergangenheit nicht! Dann verschwindet auch der Stein oder das Gewicht, das oft auf Brust und Schultern liegt in Form von Nackenschmerzen oder Problemen beim Durchatmen, denn ab jetzt bist Du frei! Ohne Steine und Gewichte kann man besser und freier atmen, dadurch gelangt Sauerstoff in das Gehirn und viele tolle Ideen und Gedanken können endlich zu Dir gelangen, um Dein Leben zu verschönern.

Jeder von uns kennt bestimmt schwierige Situationen, in denen man feststellt, dass man nicht richtig oder zu kurz atmet, weil man angespannt ist. Ich habe dadurch oft Kopf- und Nackenschmerzen bekommen, da es Spannungen im Körper auslöst. Gute Gedanken dagegen lassen uns tief atmen und das ist Balsam für Körper und Seele.

Vergebung bedeutet Freiheit für DICH

Hier noch eine schöne kleine Geschichte über die Sinnlosigkeit „nachtragend“ zu sein:

Zwei Mönche waren auf der Wanderschaft. Eines Tages kamen sie an einen Fluss.

Dort stand eine junge Frau mit wunderschönen Kleidern. Offenbar wollte sie über den Fluss, doch da das Wasser sehr tief war, konnte sie den Fluss nicht durchqueren, ohne ihre Kleider zu beschädigen.

Ohne zu zögern ging einer der Mönche auf die Frau zu, hob sie auf seine Schultern und watete mit ihr durch das Wasser. Auf der anderen Flussseite setzte er sie trocken ab.

Nachdem der andere Mönch auch durch den Fluss gewatet war, setzten die beiden ihre Wanderung fort.

Nach etwa einer Stunde fing der eine Mönch an, den anderen zu kritisieren: " Du weißt schon, dass das, was du getan hast, nicht richtig war, nicht wahr? Du weißt, wir dürfen keinen nahen Kontakt mit Frauen haben. Wie konntest du nur gegen diese Regel verstoßen?"

Der Mönch, der die Frau durch den Fluss getragen hatte, hörte sich die Vorwürfe des anderen ruhig an. Dann antwortete er: "Ich habe die Frau vor einer Stunde am Fluss abgesetzt - warum trägst du sie immer noch mit dir herum?"

(frei nacherzählt nach „The Wisdom of Zen Masters")

In gewisser Weise bedeutet Vergebung bisweilen einfach, dass wir beschliessen, den Hass in unserem Inneren nicht länger mitzuschleppen, weil wir begriffen haben, dass er uns vergiftet.

(Jack Kerouac, amerikanischer Schriftsteller 1922-1969)

Kapitel 13

Innerer Schweinehund oder innere Kritiker?

„Achtsamkeit kann in zwei Worten zusammengefasst werden: Sei aufmerksam!
Sobald Dir bewusst ist, was du tust, hast Du auch die Macht es zu verändern!"

(Michelle Burford, amerikanische Autorin und Coach)

Zuerst einmal die gute Nachricht: **Es gibt keinen inneren Schweinehund**! Er ist unsere eigene Erfindung, um damit umgehen zu können, dass wir uns beim Über-Essen als willensschwache, gefrässige und disziplinlose Wesen empfinden. All diese ungeliebten Eigenschaften werden auf eine Figur namens „Innerer Schweinehund" projeziert.

Das mag ja für eine gewisse Zeit recht bequem und einfach sein, aber wir begeben uns dadurch in eine passive Rolle und machen uns zum Opfer. Alleine das Gefühl ein Opfer der Umstände bzw. des „Schweinehundes" zu sein, fühlt sich negativ an und macht uns scheinbar hilflos und machtlos.

Wir geben die Verantwortung ab!

Oft folgt darauf der Gedanke: Wenn ich sowieso nichts ändern kann, dann kann ich mich auch dem Schicksal (Schweinehund) ergeben und meinen Ess-Gelüsten freien Lauf lassen!

Eine nur oberflächlich gesehen gute Ausrede, einem Anderen die Schuld in die Schuhe zu schieben, denn das wird sich auf die Dauer nicht rechnen. Denn erst, wenn wir wie ein erwachsener Mensch handeln und die volle Verantwortung für uns und unser Leben übernehmen, wird es selbst-bestimmt (wie der Name schon sagt) und glücklich werden.

Den sogenannten Schweinehund mit Diät zu bekämpfen bedeutet, gegen einen Teil seiner Selbst zu kämpfen! Wir fühlen uns fremd-bestimmt.

Der Begriff „Innerer Schweinehund" ist eigentlich ein Synonym für eine vermeintlich mangelnde Selbstdisziplin. Es sind all die Stellen, wo wir meinen uns eigentlich im Griff haben zu müssen, es aber nicht so ist. Diese Selbstdisziplin ist aber besonders im Fall von Diäten absolut fehl am Platze, da falsches und schädigendes Essverhalten nicht auf der Verstandesebene entsteht, wo die Disziplin zuhause ist, sondern auf der Gefühlsebene! Und dort, und nur dort, kann es bearbeitet und verändert werden!

Man kann den „Inneren Schweinehund" viel eher mit den „Inneren Stimmen" vergleichen, die im Gegensatz zu ihm aber sehr real sind.

Die inneren kritischen Stimmen in uns, die zumeist die Stimmen der Eltern sind (manchmal auch von anderen wichtigen Autoritäts-Personen aus unserer Kindheit), sprechen ein Leben lang in uns, wenn wir nichts dagegen unternehmen.

„Du bist dumm“, „aus Dir wird nie etwas werden“, „Du bist nicht gut genug“, „Du kannst nichts richtig machen“, etc...

Dies führt zu einem ständigen „Krieg“ in uns selbst und wird im Laufe der Zeit zu einer festen Gewohnheit, die uns gar nicht mehr auffällt.

Es ist nichts Unabänderliches, nur Etwas, dass man sich bewusst machen sollte. Denn es liegt in der Natur der Dinge, dass wir diese Stimmen für unseren Verstand halten und da dieser eine hohe Priorität in unserem Kulturkreis hat, für bare Münze nehmen. Aber das ist es nicht! Es sind nur aufgeschnappte und dann gespeicherte Sätze, die irgendwer irgendwann mal zu uns oder über uns gesagt hat! Der Verstand filtert nicht!
Und wir lassen zu, dass es unser Leben und unsere Entscheidungen maßgeblich beeinflusst.
Alleine diese Erkenntnis über die Existenz der inneren Stimmen und Kritiker ist sehr wichtig, denn erst dann sind wir in der Lage dagegen vorzugehen: **Gefahr erkannt - Gefahr gebannt!**

Wenn wir darauf achten, was wir denken und sagen, dann gehen wir zunehmend kritischer mit solchen schädigenden Gedanken um und lassen sie nicht einfach ihren schrecklichen Dienst tun, indem sie uns zu traurigen und uns selber nicht wertschätzenden Menschen machen, die ständig meinen sich die Liebe und Wertschätzung im Aussen zu holen oder gar erkaufen und erarbeiten zu müssen. Vom Chef, vom Partner oder auch durch die Kinder und jedem Anderen in Deinem Leben. Und wenn der Partner die Liebe und Wertschätzung nicht erbringt, fühlen wir uns nur bestätigt darin, nicht liebenswert zu sein und das ist immer wieder ein gern genommener Grund ohne körperlichen Hunger zu essen - an dieser Stelle hungert aber nur die Seele .

Dabei übersehen wir völlig, dass wir ja selber nicht gut mit uns umgehen, wie soll es da ein Anderer tun? Am Anfang aller Heilung steht die Selbstliebe - dann geht alles Andere wie von Alleine.

Wenn wieder solche negativen Gedanken in unseren Kopf kommen und auch als solche erkannt werden, dann verscheuchen wir sie einfach wie lästige Mücken! Und zwar mit einfachen, aber bestimmt ausgesprochenen Sätzen wie:

Hau ab, das ist ja überhaupt nicht wahr!
Was redest Du da, ich bin ein liebenswerter Mensch!

Aber am Effektivsten ist es, sich immer dann, wenn wieder so eine Negativ-Litanei in Deinem Kopf spukt zu fragen:

Wer hat das gesagt?

Es ist gut und sinnvoll sich einige dieser Sätze mal aufzuschreiben um sich dann daran zu erinnern, wer das wohl oft zu uns gesagt hat. Es dauert vielleicht ein bisschen, aber wenn man einige Zeit über einen bestimmten Satz und seinen Ursprung nachdenkt, macht es irgendwann Klick und man hört meistens sogar die entsprechende Stimme dazu! Es ist empfehlenswert, sich dafür eine Zeit der Ruhe zu nehmen um dann in sich hineinzuhorchen.

Es gibt soviele negative Dinge, die gedankenlos von Erwachsenen zu Kindern gesagt werden, dass es überhaupt kein Wunder ist, wenn heute ein Grossteil der Menschheit in unserem Kulturkreis ein Problem mit der Selbstliebe hat.

Das soll aber keineswegs dazu führen die Eltern im Nachhinein zu verurteilen, denn auch sie haben den Umständen entsprechend nach ihrem damals besten Wissen gehandelt. Auch in ihnen saß ein verletztes inneres Kind, daß sich nach Liebe und Anerkennung sehnte. Meine Mutter z.B. hat oft zu mir gesagt, dass ich eiskalt und zudem noch faul wäre! Ich habe das so hingenommen und gespeichert, ohne darüber nachzudenken, ob es wirklich wahr ist! Heute kann ich erkennen, dass sie in einer schwierigen Situation war und damals sehr unglücklich. Sie hatte einen Mann, den sie nicht liebte und er sie auch nicht! Sie hatten aus unterschiedlichen Gründen geheiratet, nur leider nicht aus Liebe. Meine Mutter bekam mit 17 Jahren ein uneheliches Kind (mich!) und ihr wurde fortan täglich gesagt, dass ihr Leben verwirkt sei und sie keine Freude mehr haben würde. Sie durfte nicht mehr ausgehen (Volljährig wurde man zu dieser Zeit mit 21 Jahren) und heiratete dann den erstbesten Mann, der sie wollte, um diesem Gefängnis und den ständigen Vorwürfen zu entfliehen. Dieser Mann war wiederum auf der Suche nach einer jungen Frau mit Kind, da er nach einer ärztlichen Diagnose der Meinung war, keine Kinder haben zu können. Dies stellte sich später als falsch heraus und das zuvor angenommene uneheliche Kind (ich) musste danach hinter dem dann doch eigenen Nachwuchs zurückstehen.

Meine Mutter war sehr einsam und begann zu Trinken, woran sie letztendlich mit 42 Jahren verstarb.

In dieser Geschichte gibt es keine Schuld oder Nicht-Schuld, es gibt nur negative Aussagen, die ohne ihren wirklichen Hintergrund zu kennen ein schreckliches Eigenleben in uns führen. Die Geschichte und die Aussage meiner Mutter waren immer, dass das Leben ein schwieriger Kampf ist und man ständig aufpassen muss, nicht übervorteilt zu werden. Und das tat ich fürwahr, ich kämpfte und kämpfte! Und ich zeigte keine Gefühle, ich wurde „eiskalt“, wie meine Mutter vorausgesagt hat, auch mir selbst gegenüber, denn im Kampf kann man keine Gefühle zeigen, das bedeutet Schwäche. Aber natürlich waren unendlich viele Gefühle da, auch wenn ich sie nicht zeigte! Diese Gefühle mussten dann halt anders kompensiert werden, z.B. mit Essen!

Und es war keineswegs der sogenannte „Innere Schweinehund“, der mich dazu zwang zuviel zu essen, vielmehr das vermeintliche Wissen darum, dass ich nicht liebenswert bin, sondern ungewollt und dazu noch undankbar und eiskalt! Ich wollte das nicht realisieren und stopfte die innere Leere mit Pommes und Currywurst, was natürlich nicht gelang, denn es war ein Fass ohne Boden! Wenn die Gefühle kamen, musste ich mich ablenken, sie zuzulassen erschien mir zu schmerzhaft, aber das eher unbewusst natürlich! Das sind die Inneren Wächter, die das nicht zulassen und mich eigentlich nur schützen wollten.

Also, kein Schweinehund in Sicht, – weder bei mir noch bei Dir ☺

„Als ich begann mich glücklich zu schätzen,
kehrte sich mein ganzes Leben um!“

*(Willie Nelson, amerik. Sänger und Songwriter, *1933)*

Kapitel 14

Esssucht und Liebessucht

Die begrenzte Liebe sucht den Besitz des Anderen, doch die grenzenlose Liebe verlangt nichts anderes als zu lieben.

(Khalil Gibran, libanesischer Dichter und Philosoph, 1883-1931)

Vielleicht fragst Du Dich, was die Liebessucht mit dem Thema „Emotionales Essen" zu tun hat! Meine Erklärung ist, dass ich bei meiner Arbeit mit Esssüchtigen immer wieder auf die Verbindung mit Liebessucht gestossen bin und nicht länger die Augen davor verschliessen konnte, dass Beides sehr oft gemeinsam auftritt und eine unselige Kombination ergibt. Ausserdem stellt sich bei allen Suchtproblemen relativ schnell heraus, das bei ALLEN dieselbe Problematik zugrunde liegt:

Mangelnde Wertschätzung und das Fehlen von Selbstliebe

Bei Beiden ist es das Wort „Sucht", das uns erstmal irritiert und ängstigt, denn dabei fallen uns zuerst Alkoholkranke und Drogenjunkies ein und mit denen wollen wir uns natürlich nicht vergleichen! Und ausserdem ist Essen und Liebe doch etwas Positives, oder?

Im Prinzip ja, aber das stimmt nicht mehr, wenn wir es so dringend und auf ungesunde Art brauchen, dass wir unser Leben damit zerstören und unsere Schamgrenze bei der Erlangung des benötigten „Stoffes“ auf ein unerträglich niedriges Niveau sinkt. Wenn dafür gelogen und betrogen wird! Es gibt Esssüchtige, die das Essen wie wilde Tiere in sich hineinstopfen, um es später zu erbrechen - oder sämtliche Sozialkontakte abbrechen, um heimlich essen zu können. Es gibt Liebessüchtige, die sich unendlich demütigen, benutzen und missbrauchen lassen, nur um den „Partner“ nicht zu verlieren. Auch sie canceln nach und nach alle Kontakte zu Menschen, die es gut mit Ihnen meinen und sie auf die seltsame Lebenssituation hinweisen. Wir trennen uns von Menschen, die uns lieben und helfen wollen, um freie Bahn für die Ausübung der Sucht zu haben.

All das sind Suchtmerkmale, die auch bei Alkoholikern und Drogenabhängigen zu beobachten sind.
Aber es gibt nicht nur Parallelen zwischen den Süchten, sondern auch Querverbindungen. Viele Magersüchtige zum Beispiel kommen aus Familien, wo beide Elternteile alkoholkrank sind.
Ein Beispiel ist hier auch der Co-Alkoholismus. Das sind Frauen mit alkoholkranken Partnern. Sie sind somit abhängig von einem Mann, der wiederum von einer Substanz abhängig ist. Sie befriedigen damit einerseits ihr Helfersyndrom und erschaffen sich gleichzeitig eine Situation in der sie leiden und ihm das vorwerfen können. Sie wollen ihn von sich und ihrer Betreuung und Hilfe abhängig machen, damit er sie nicht verlassen kann, denn sie haben sowenig Selbstwert, dass sie denken ein Mann kann sie nur lieben, wenn sie sich für ihn aufopfern! Selbstaufopferung für jemanden ist ein sehr spezifisches Muster bei Menschen, die in ihrer Kindheit mit

einem suchtkranken Elternteil konfrontiert waren. Wenn sie dann später eine Beziehung eingehen würden, in der der Partner NICHT bedürftig ist, hätten sie das Gefühl ihren Sinn, ihre Existenzberechtigung und ihre Identität zu verlieren.

Frauen aus dysfunktionalen Familien, wo Süchte in jeglicher Form, Missbrauch und liebloser Umgang an der Tagesordnung waren, neigen überdurchschnittlich oft später zu Süchten - vor Allem zur Esssucht, insbesondere nach zuckerhaltigen Nahrungsmitteln, als auch zu Liebessucht!

Liebessüchtige Frauen sind oft in helfenden Berufen tätig, wie z.B. als Krankenschwestern und immer bis zur Aufopferung um das Wohlergehen Anderer besorgt, aber niemals um ihr Eigenes. Sie boykottieren sich selber, wenn es darum geht etwas für sich selber oder eine Situationsveränderung zu tun, das geht von Migräneanfällen um Therapiesitzungen abzusagen bis zu 100 kleinen (in dem Moment extrem „wichtigen“) Hausarbeiten, die uns einfallen zu tun, anstatt dieses Buch zu lesen, eine Selbsthilfegruppe oder einen Therapeuten aufzusuchen. Mehr dazu in Kapitel 18.

Liebessüchtige Frauen, die in einer Beziehung oder Affäre sind, leben meist in einer Phantasiewelt, die ihnen eine Beziehung suggeriert, wie sie sein könnte, aber in der Realität definitiv nicht ist. Wir benutzen die aktuelle ungesunde Beziehung wie eine Droge, indem wir durch den ständigen Beziehungsstress nicht mehr dazu kommen, uns mit uns selber zu beschäftigen.

Wir sind süchtig danach unsere Energie daraus zu ziehen ein Problem zu haben und es immer wieder zu thematisieren. Anstatt die Energie in die Lösung zu investieren, stecken wir sie in das Problem! So geht es keinen Zentimeter voran in Richtung Glück!

Wir betäuben uns aus Angst unser Leben zu betrachten und wohlmöglich zu verändern. Veränderung ist nämlich Etwas, das uns viel Angst bereitet. Denn egal, ob es ums Essen oder die Liebessucht geht, müssen wir uns darüber absolut im Klaren sein, dass sich einige Menschen in unserem Umfeld nicht mit uns freuen werden über eine positive Entwicklung. Wenn Du Deine Lieblingsfigur erreicht habst, bist Du für die Anderen ein Beispiel dafür, dass es möglich ist. Das kann ein ziemlich unbequemes Wissen sein, für Leute, die nicht an sich arbeiten möchten. Auch wenn Du damit aufhören möchtest es Allen recht machen zu wollen (siehe auch Kapitel 15) und als Helfer nicht mehr jederzeit zur Stelle bist, werden Dir Wut und Empörung entgegenschlagen, mit dem Ziel, Dich wieder in das selbstlose Opfer zu verwandeln, dass Du vor der Therapie warst und das den Anderen Alles abgenommen hat.

Der Sturm wird vorüberziehen, lasse Dich nicht aufhalten, auf Deinem neuen gesunden Weg zu Glück und Selbstbestimmung! Gehe frohen Mutes weiter und diskutiere und rechtfertige Dich nicht. Einige Menschen werden auf der Strecke bleiben, aber wie von Geisterhand tauchen jetzt Menschen in Deinem Leben auf, die nicht daran interessiert sind Dich auszunutzen, sondern daran eine Freundschaft oder Beziehung auf Augenhöhe mit Dir zu führen.

Nicht zuletzt tust Du auch den Menschen einen Gefallen, denen Du bisher alles Unangenehme aus dem Weg geräumt habst, indem Du sie in die Selbstständigkeit entlässt. So bekommen sie endlich den Schubs, den sie benötigen, um sich mal ihr Leben selber anzusehen und in die eigenen Hände zu nehmen, ohne Alles von Dir abgenommen zu bekommen. Schlimmstenfalls suchen sie sich ein neues Opfer mit Helfer-Syndrom, aber das soll nicht Dein Problem sein. Es ist ein wichtiger Schritt zu lernen, es auszuhalten, dass Andere unzufrieden mit Dir und Deinem Verhalten sind.

Auch Deinen Kindern tust Du damit einen Gefallen, denn wie sagte schon der Schriftsteller Emil Oesch im letzten Jahrhundert:

„Wer die Lebenslaufbahn seiner Kinder zu verpfuschen gedenkt,
der räume Ihnen alle Hindernisse aus dem Weg!“

Kinder möchten starke Eltern, die nicht Freund, sondern Vorbild sind, denn auf wen sollen sie sonst zählen, wenn es mal wirklich schwierig wird. Kinder von Suchtkranken müssen viel zu früh die Erwachsenenrolle übernehmen und werden ihrer Kindheit beraubt. Sie fühlen sich für die Erwachsenen verantwortlich und das ist eine verkehrte Welt. Somit tust Du auch ihnen einen Gefallen, wenn Du anfängst besser mit Dir selber umzugehen und für Dich zu sorgen, denn Du entbindest Deine Kinder davon, sich für Dich verantworlich zu fühlen. Somit können diese auch anfangen für sich selbst zu sorgen.

Die Sucht nach Liebe ist hauptsächlich bei Frauen zu finden, da Männer sich oft durch exzessiven Sport oder Karriere ablenken. Es ist sogar so sehr verbreitet unter Frauen, dass man es fast schon für die Normalität halten könnte. Ich würde diese Sucht folgendermassen definieren:

Abhängigkeit von Beziehungen mit Menschen, die emotional nicht zugänglich und somit unerreichbar sind. Dadurch ensteht bei einer Helfer-Syndrom-Person der dringende Wunsch der oder die EINE zu sein, der berufen ist, durch bedingungslose Liebe und Aufopferung, den Mensch zu heilen und deshalb von

ihm geliebt werden zu müssen bzw. ihn an sich zu binden. Erst durch die Liebe eines anderen Menschen haben sie das Gefühl etwas wert zu sein bzw. aufgewertet zu werden!

Wie weit verbreitet diese Sucht weltweit ist, ist nicht zuletzt durch den Erfolg der 3 „Shades of Grey"-Bücher zu erkennen, die genau mit diesem Thema, gepaart mit ein bisschen Pseudo-Sado-Maso-Sex, seit langem die Buch-Charts anführen!

Ein sehr bezeichnender Aspekt dieser Suchtkrankheit ist auch, dass jeder Andere ausser Dir die Absurdität und Schädlichkeit dieser Beziehung erkennt! Wer es aber wagt die Unlogik und Lächerlichkeit, der vorgetragenen Entschuldigungen aufzuzeigen, die wir für sein Verhalten finden, wird nach relativ kurzer Zeit gnadenlos aus unserem Leben entfernt! Meistens mit der Begründung nur neidisch zu sein und uns diese „wunderbare" Beziehung nicht zu gönnen.

Viele von uns setzen Liebe mit Schmerz und Leiden gleich, wozu die Medien und auch die Musik- und Filmbranche einen nicht unwesentlichen Beitrag leistet. Sind nicht die Lieder, die von Verlust, Vermissen und unglücklicher Liebe singen, die Ergreifendsten? Wer von uns würde sich für einen Film interessieren, der 90 Minuten lang den harmonischen Tag eines Paares zeigt, dass achtsam und respektvoll miteinander umgeht. Gehört nicht die Tragik von Romeo und Julia zu den bekanntesten Geschichten und Filmen, quasi als die absolute Vorlage für romantische Liebe? Einer Liebe, in der man sich für den Anderen opfert?

Die Erfolge und Einschaltquoten von Fernsehsendungen, in denen es um Wut, Missbrauch, Verlassenwerden, Unliebe und Gewalt geht, sprechen doch eine eindeutige

Sprache. Aber das ist eine Scheinwelt, die uns suggeriert, dass ein harmonisches Leben langweilig ist. Dieses Problem haben auch viele ehemals liebessüchtige Frauen, für die der Begriff Liebe untrennbar mit Kampf, Ungewissheit, Verlassensangst und unsicherer Anspannung verbunden ist und denen jeder normale Mann, der sich für sie interessiert als „Langweiler“ erscheint. Sie müssen ihm nichts vorspielen und können sich so geben , wie sie sind, ohne Angst, dann nicht mehr liebenswert zu sein und verlassen zu werden.

Das gilt auch insbesondere für das Thema Sex. Eine liebessüchtige Frau benutzt Sex nicht nur oder fast garnicht zur eigenen Freude, sondern als Kontrollmittel und auch sonst als Mittel, um einen schwierigen, emotional unzugänglichen Partner insoweit zu manipulieren, dass er sie liebt und nicht verlässt. Sie zieht dafür alle Register und versucht ihn dadurch abhängig zu machen. Als Beweis gilt für sie, wenn er sich dadurch von den Dingen abbringen lässt, die statt Liebe seinen Lebensmittelpunkt darstellen, wie z.B. Sport und Beruf! Sie ist absolut abhängig von Liebesbeweisen und versucht verzweifelt Alles um sie zu bekommen, denn für sie sind sie lebenswichtig und sichern in ihrem Denken ihre Existenzberechtigung.

Sobald die liebessüchtige Frau an einen Partner gerät, der sie liebt und schätzt, z.B. nach ihrer Therapie, wird dieses sexuelle Verhalten überflüssig und und sinnlos und die Frau steht fast jungfräulich vor ihrer Sexualität und weiss Nichts mehr damit anzufangen! Der Sex und die Beziehung mit einem unerreichbaren liebesunfähigen Mann ist wie eine Achterbahnfahrt, ständig ist der Adrenalinpegel erhöht, auch das macht süchtig oder zumindest hält man Alles darunter für langweilig.

Ich möchte zum Schluss einige Punkte aufführen, die Dir möglicherweise bekannt vorkommen und die ein deutlicher Hinweis auf Liebessucht sind, manche mehr und manche weniger. Entscheide selber was auf Dich zutreffen könnte und sei bitte gnadenlos ehrlich mit Dir selber:

- Wenn Du einen Mann kennenlernst, denkst Du in erster Linie darüber nach, ob Du ihm gefällst und wie Du ihm gefallen könntest. Du verschwendest keinen Gedanken daran, ob er Dir überhaupt gefällt, Hauptsache es zeigt jemand Interesse an Dir.

- Du stammst aus einem Elternhaus, in dem es Sucht, Gewalt, viel Streit oder Missbrauch gab, unter den Elternteilen oder im Verhältnis zu den Kindern. Exzessive Religiösität oder Regeln und die Prämisse: Egal was passiert, Hauptsache „die Leute" erfahren es nicht!

- Du fühlst Dich zu Männern hingezogen, die Dir in irgendeiner Form bedürftig erscheinen, z.B. Alkoholiker, emotional unzugängliche oder Kriminelle. Oft verlieben sich Frauen in Mörder, die im Gefängnis sitzen und heiraten sie. Aktuell ist der Fall des Gladbecker Geiselgangsters Jürgen Rösner, der im Gefängnis heiratet. Er hat 2 junge Menschen auf dem Gewissen! Und selbst der norwegische Massenmörder Anders Breivik, der 70 Jugendliche tötete, bekommt bergeweise Liebesbriefe und Heiratsanträge im Gefängnis!
  Ganz so dramatisch muss es nicht sein, es kann auch nur ein frisch getrennter Mann sein, der leidet oder behauptet noch nie richtig geliebt zu haben.

- Du scheust keine Kosten und Mühen, bis hin zum finanziellen Ruin, wenn es darum geht, den Geliebten zu treffen oder ihm zu helfen (Heiratsschwindler profitieren von dieser Mentalität). Er hingegen tut so gut wie Nichts dafür, was Du aber immer gerne entschuldigst, er kann halt nicht so wie er will!!! Aber Du bist absolut sicher, dass er es auch tun würde, wenn er nur könnte!

- Egal, was er tut, nicht tut, sagt, oder nicht sagt, Du findest für Alles eine Entschuldigung für ihn oder drehst es noch so um, dass er das nur tat oder sagte, um Dich zu schützen! Frauen, die von ihren „Partnern geschlagen werden, begründen es oft damit, dass er es nur tut, weil er sie so sehr liebt und darum seine Gefühle nicht unter Kontrolle hat. Eine andere Denkweise misshandelter Frauen ist auch: Es ist meine Schuld, ich hätte ihn nicht so verärgern dürfen.

- Du glaubst Dir Liebe verdienen zu müssen, da Du sicher bist, dass es ansonsten keinen Grund für irgendwen gibt, sich mit jemandem wie Dir abzugeben!

- Du versuchest Menschen durch Deine „Hilfe“ und Unterstützung abhängig zu machen, damit sie Dich nicht verlassen können.

- Du hast riesige Verlustängste und lebst nach dem Motto: „Ich kann ALLES ertragen, ausser Verlassen zu werden.“ Das ist eine sehr tiefsitzende Kindheitsangst, aus der Zeit, wo es überlebenswichtig war nicht verlassen zu werden.

- Du triffst einen emotional unzugänglichen Mann und denkst: „Er hat bisher nur noch nicht die richtige Frau getroffen, ICH bin die Auserwählte, die ihn durch aufopfernde Liebe und Hingabe heilen wird! Ein böser Trugschluss!!

- Du bist auf Deiner Suche nach Liebe relativ schnell zum Sex zu überreden, wenn Du jemanden kennengelernt hast. In der Hoffnung ihn dadurch an Dich zu binden. Das klappt so gut wie nie, denn „normale“ Männer möchten keine Frau fürs Leben, die „sowas“ tut. Also ein fataler Irrtum auf dem Weg zu einer festen, glücklichen Beziehung!

- Glaubst Du, dass Leiden der Preis dafür ist geliebt zu werden und somit normal?

- Du lässt wichtige und schöne Verabredungen und Termine sausen um für ihn erreichbar zu sein oder zur Verfügung zu stehen, sobald er sich meldet? Du bist in ständiger Bereitschaft um ihn nicht zu verärgern oder zu verpassen, wenn es ihm danach ist, Dich anrufen oder sehen zu wollen?

- Du verbringst eine Menge Zeit damit auf Dein Handy zu starren, in der Hoffnung er meldet sich. Falls er es, wie fast immer, aber nicht tut, malst Du Dir in Deiner Phantasie die wildesten Szenarien aus, was ihn daran gehindert haben könnte, zu kommen oder sich zu melden. Das kann von „Er hat sich bei einem Unfall beide Hände gebrochen und kann nicht SMS schreiben und telefonieren“ bis zu „Er muss im Koma liegen, sonst hätte er sich 100 %ig gemeldet“ reichen. Nur Anderen fällt die Absurdität auf, Dir selber nicht!

- Du versuchst ihn zum x-ten Mal anzurufen und schreibst eine Mail und SMS nach der Anderen! Wenn er nicht reagiert, siehe oben! Falls Du ihn dann doch mal erreichst ist ihm nichts Schlimmes zugestossen, er hat es einfach vergessen und Du verzeihst ihm natürlich sofort – Hauptsache ist doch er lebt noch, oder!

Und zuletzt die gute Nachricht! Sowohl Esssucht, als auch Liebessucht sind heilbar, allerdings gehört dazu die Erkenntnis ein Problem zu haben und der Wunsch es zu ändern. Wenn Du zur Mitarbeit bereit bist, wird sich Deine Beziehung eventuell zum Positiven wandeln oder beendet sein, aber es wird nicht so bleiben wie es jetzt ist! Fakt ist aber, dass sich Dein Leben zum Positiven ändern wird!

You're walking the wire
of pain and desire,
looking for Love in between

(Victim of Love, Eagles)

Kapitel 15

Es Allen recht machen zu wollen

Der Schlüssel zum Scheitern

ist der Versuch, es allen recht zu machen.

(Bill Cosby, amerikanischer Entertainer)

Schon ca. 300 Jahre vor Christi Geburt schien es dieses Problem, des "Es Allen recht machen zu wollen", gegeben zu haben, denn damals schrieb der bekannte griechische Philosoph Platon folgende Zeilen:

Ich kenne keinen sicheren Weg zum Erfolg, aber einen sicherem Weg zum Misserfolg: Es Allen recht machen zu wollen!

Vernachlässige also niemals Deine Träume, Wünsche und Hoffnungen, weil irgendein anderer Mensch meint, Dich davon abbringen zu müssen, weil es seiner Meinung nach nicht das Richtige ist, oder Du nicht der Richtige dafür bist. Du weisst ja nicht einmal, was der Hintergrund dieser Meinung ist, denn oft ist es so, dass andere Menschen nur deswegen von Etwas abraten, weil sie es selber nicht hinkriegen. Und würdest Du es dann tun, meinen sie schlecht dazustehen und von Dir beschämt zu werden. Solche Hintergründe werden nur allzu gerne als "guter Rat" bezeichnet. Leider finden wir in unserem Verstand ein grosses Echo darauf, denn er hat treu und brav Alles gespeichert, was jemals über uns gesagt wurde, auch und besonders gerne die negativen Dinge. Entgegen der allgemeinen Meinung filtert er aber nicht nach richtig und falsch, sondern haut uns gerne noch viele Jahre später Dinge um die Ohren, die irgendwer aus irgendeinem Grund in der Vergangenheit mal über uns gesagt hat.

Und da wir ja mächtig stolz darauf sind, verstandesgesteuerte Wesen zu sein, nehmen wir das Alles für bare Münze. Dann kommt also jemand daher, der uns nicht liebevoll gesonnen ist bzw. es vielleicht auch einfach nur nicht besser weiss, ohne Böses zu wollen, gibt uns den "guten Rat" und dessen Begründung und schon kramt der Verstand ganz tief und findet doch tatsächlich eine Stelle, wo Eltern, Lehrer, Kindergärtner, Großeltern usw. etwas Ähnliches über Dich geäussert haben!

Und schon wird es dadurch für Dich wahr!

Wie können wir das ändern?

Beschäftige Dich nicht mit Leuten, die Dich runterziehen, sondern verbringe Deine kostbare Zeit mit Menschen, die Dich lieben und respektieren.
Triff Deine eigene Entscheidung, und das Kriterium soll-

ten ausschließlich sein, dass das Ergebnis Dein "Herz zum Singen bringt"!

Beschäftige Dich auch nicht mit Themen, die Dir nicht gut tun, oder Dich nicht weiterbringen. Hör auf Dein Herz und Deinen Körper! Wenn ein Thema Dir gut tut, wird er positiv darauf reagieren ? Du fühlst es ?

Hinterfrage doch einfach mal die Aussagen und Meinungen Deines Verstandes und bei negativen Sätzen, frag mal in Dich hinein: Wer hat das eigentlich gesagt???

Höre bei einer Entscheidung nur darauf was Dein Herz und Dein Bauch sagen!

***Übung**: Du kannst es von den Aussagen des Verstandes unterscheiden, indem Du Dich auf die beiden Entscheidungspunkte einzeln konzentrierst und dann in Dich reinfühlst, welcher sich mehr nach Sicherheit und Kontrolle (Verstand) und welcher sich mehr nach Vorfreude und Liebe (Herz) anfühlt!*
Eine Übung für das Bauchgefühl ist folgende: Setz oder leg Dich ruhig hin und konzentriere Dich auf Deine Atmung! Dann leg eine Hand auf Deinen nackten Unterbauch und denke daran, wie Dein Leben sich anfühlen würde, wenn Du Dich für Möglichkeit A entscheidest. Geh ganz in die Situation rein und stell es Dir so genau wie möglich vor. Wie fühlt sich Dein Bauch an? Dann konzentrier Dich für ganz kurze Zeit auf etwas in Deiner Umgebung, z.B. beschreibe eine Blume, die Du siehst, mit Farbe und Details! Dann legst Du wieder die Hand auf den Bauch und fühlst Dich in Entscheidungsmöglichkeit B rein! Interpretiere dann für Dich wie sich

Dein Bauch verändert hat bei den verschiedenen Vorstellungen und was sich besser bzw. richtiger für Dich angefühlt hat!

Hier eine unglaublich treffende Geschichte, die Du Dir immer mal wieder durchlesen solltest, wenn die Meinung Anderer Deine Entscheidungen beeinflusst, oder Dir einfach nur nicht guttut:

Es war einmal ein Ehepaar, das einen 12jährigen Sohn und einen Esel hatte. Sie beschlossen zu verreisen, zu arbeiten und die Welt kennen zu lernen. Zusammen mit ihrem Esel zogen sie los.

Im ersten Dorf Also sagte die Frau zu ihrem Mann: "Wir werden nicht zulassen, dass die Leute schlecht über unseren Sohn reden."hörten sie, wie die Leute redeten: "Seht Euch den Bengel an, wie schlecht er erzogen ist... er sitzt auf dem Esel und seine armen Eltern müssen laufen."

Der Mann holte den Jungen vom Esel und setzte sich selbst darauf.

Im zweiten Dorf hörten sie die Leute Folgendes sagen:
"Seht Euch diesen unverschämten Mann an?

Er lässt Frau und Kind laufen, während er sich vom Esel tragen lässt."

Also ließen sie die Mutter auf das Lastentier steigen und Vater und Sohn führten den Esel.

Im dritten Dorf hörten sie die Leute sagen:
"Armer Mann! Obwohl er den ganzen Tag hart gearbeitet hat,

lässt er seine Frau auf dem Esel reiten."

Und das arme Kind hat mit so einer Rabenmutter sicher auch nichts zu lachen!?
Also setzten sie ihre Reise zu dritt auf dem Lastentier fort.

Im nächsten Dorf hörten sie die Leute sagen:
"das sind ja Bestien im Vergleich zu dem Tier, auf dem sie reiten.

Sie werden dem armen Esel den Rücken brechen!?
Also beschlossen sie, alle drei neben dem Esel herzugehen.
Im nächsten Dorf trauten sie ihren Ohren nicht, als sie die Leute sagen hörten:
"Schaut euch die drei Idioten mal an. Sie laufen, obwohl sie einen Esel haben, der sie tragen könnte!?"

(frei interpretiert nach der Geschichte "Seltsamer Spazierritt" von Johann Peter Hebel)

Wenn Du Dein Leben lebst und Deinen Weg gehst ohne Dich für Andere zu verstellen, dann wirst Du auch auf die Leute treffen, die Dich so lieben und schätzen wie Du wirklich bist. Und auf die Anderen, die nur ein Wunschbild von Dir schätzen, auf die kannst Du getrost verzichten!

Und vergiss nicht: nur an Menschen, die Ecken und Kanten haben, kann man sich anlehnen und auch mal festhalten, an den glatten, runden rutscht man ab ☺

Wenn Du eine Entscheidung treffen musst, und Du triffst Sie nicht, ist das auch eine Entscheidung!

(William James, Psychologe & Philosoph, 1842-1910)

Kapitel 16

Bescheidenheit und Demut

„Falsche Bescheidenheit ist die Schicklichste aller Lügen"

(Nicolas-Sébastien de Chamfort, französischer Schriftsteller, 18. Jhrdt.)

Demut und Bescheidenheit sind 2 völlig verschiedene Dinge, auch wenn Sie oft zusammen genannt oder auch verwechselt werden.

Bescheidenheit ist Erziehung oder überliefertes Denkmuster, es ist dazu da uns im Denken und Handeln einzuschränken. Es will uns klein halten, wo Selbstbewusstsein nötig wäre und es suggeriert uns ein guter Mensch zu sein, wenn man sich selber für klein hält. Dabei wird übersehen, dass es von Gott gewollt ist, dass wir unser Potential entfalten, darum wurde es uns mitgegeben. Keiner Pflanze oder keinem Tier käme es in den Sinn bescheiden sein zu wollen. Die Blume nimmt soviel Sonne und Wasser und Nährstoffe in sich auf, um die schönste Blüte haben zu können, die möglich ist! Denn das ist ihre Aufgabe in der Schöpfung und ihr Geschenk an uns. Niemandem wäre damit gedient, wenn sie sich bescheiden zurückhalten würde bei der Verteilung von Sonne und Wasser. Nie käme sie auf die Idee zu sagen: Ach nee, ich nehm mir lieber nicht was ich brauche, was sollen die anderen Blumen von mir denken! Und wir kämen nie auf die Idee eine schöne Blume als unbescheiden zu bezeichnen, im Gegenteil, sie bereichert unser Leben sehr.

Demut dagegen entsteht ganz natürlich und von selber, sobald Du bereit bist die Natur und unser Dasein auf Mutter Erde als ein Wunder anzusehen. Ein Wunder vor dem Du oft demütig stehst und merkst, dass wir alle Eins sind und zwar ein Teil eines grossen Ganzen. Du stehst sprachlos vor einem wunderschönen Sonnenuntergang oder vor einer grandiosen Landschaft, die es schon lange vor Dir gab und auch nach Dir noch geben wird. Deine Vergänglichkeit wird Dir bewusst und die Zusammenhänge des Lebens und Sterbens. Wer demütig ist, weiss die schönen Dinge des Lebens zu lieben und zu schätzen. Das Wort, dass viel mehr zu Demut passt, ist sicher das Wort Dankbarkeit! Also erweise Dich dankbar für Alles was Dir gegeben wurde um Dein Leben zu geniessen und glücklich zu sein, denn genau das ist der Sinn unseres Lebens, nach dem so oft gefahndet wird! Demut hat man vor der Schöpfung, aber niemals vor einem Menschen oder einer Institution, schon garnicht auf Verlangen.

Aber warum fällt uns das so schwer?

Da kommen wir wieder zurück auf das Thema Glaubenssätze! Vielleicht kennt ja noch jemand den Spruch:

Mädchen, die pfeifen und Hühnern die krähen, sollte man beizeiten die Hälse umdrehen.

Dabei stand das Pfeifen als Synonym für „auffallen“, also nicht bescheiden im Hintergrund zu agieren.

Auch die Sprüche in unseren Poesie-Alben von früher, zeigen auf, was von uns erwartet wurde um liebenswert zu sein! Fleiss, Bescheidenheit und bloss kein Stolz und Eigenliebe, wozu auch gehört, es sich mal gutgehen zu lassen!

Sei stets der Eltern Freude,
beglücke sie durch Fleiß.
Dann erntest du im Alter
dafür den schönsten Preis.

Sei wie das Veilchen im Moose,
bescheiden, sittsam und rein
und nicht wie die stolze Rose,
die immer bewundert will sein.

Es dauert ja nur ein Weilchen.
dann ist sie vom Sturme geknickt,
und das bescheidene Veilchen blüht
wo es niemand sieht

Was soll uns das aussagen? Dass wir vom Sturm geknickt werden, wenn wir stolz auf uns sind? Und dass man sich besser verborgen hält, als mit seinen Talenten und Gaben zu glänzen.

Auch das sind wieder Glaubenssätze, die schon früh in uns gepflanzt wurden. Auch ich habe das manchmal in Poesiealben weitergegeben, ohne als Kind den geringsten Zweifel an seiner Richtigkeit zu haben. Es war doch eine überlieferte Weisheit, die musste doch richtig sein, oder?

Es gehörte damals schon eine gehörige Portion Stärke und Selbstbewusstsein dazu, um Selbstliebe zu entwickeln.

Wieviel Bescheidenheit und Selbstverleugnung von Frauen noch vor ca. 60 Jahren verlangt wurde, zeigt ein Auszug aus dem „Handbuch für die gute Ehefrau“ aus den fünfziger Jahren, das auch im Unterricht sogenannter Haushaltsschulen gelehrt wurde, den ich Euch nicht vorenthalten möchte, denn es zeigt, mit welchem Denken über ihren eigenen Wert unsere Mütter und Großmütter aufgewachsen sind, eventuell auch Du selbst:

- Halten Sie das Abendessen bereit. Planen Sie vorausschauend, evtl. schon am Vorabend, damit die köstliche Mahlzeit rechtzeitig fertig ist, wenn er nach Hause kommt. So zeigen Sie ihm, dass Sie an ihn gedacht haben und dass Ihnen seine Bedürfnisse am Herzen liegen. Die meisten Männer sind hungrig, wenn sie heimkommen und die Aussicht auf eine warme Mahlzeit (besonders auf seine Leibspeise) gehört zu einem herzlichen Empfang, so wie man ihn braucht.
- Machen Sie sich schick. Gönnen Sie sich 15 Minuten Pause, so dass Sie erfrischt sind, wenn er ankommt. Legen Sie Make-up nach, knüpfen Sie ein Band ins Haar, so dass Sie adrett aussehen. Er war ja schließlich mit einer Menge erschöpfter Leute zusammen.
- Seien Sie fröhlich, machen Sie sich Interessant für ihn! Er braucht vielleicht ein wenig Aufmunterung nach einem ermüdenden Tag und es gehört zu Ihren Pflichten, dafür zu sorgen.

- Räumen Sie auf. Machen Sie einen letzten Rundgang durch das Haus, kurz bevor Ihr Mann kommt.
- Räumen Sie Schulbücher, Spielsachen, Papiere usw. zusammen und säubern Sie mit einem Staubtuch die Tische.
- Während der kälteren Monate sollten Sie für ihn ein Kaminfeuer zum Entspannen vorbereiten. Ihr Mann wird fühlen, dass er in seinem Zuhause eine Insel der Ruhe und Ordnung hat, was auch Sie beflügeln wird. Letztendlich wird es Sie sehr zufrieden stellen, für sein Wohlergehen zu sorgen.
- Machen Sie die Kinder schick. Nehmen Sie sich ein paar Minuten, um Ihre Hände und Gesichter zu waschen (wenn sie noch klein sind). Kämmen Sie ihr Haar und wechseln Sie ggf. ihre Kleidung. Die Kinder sind ihre „kleinen Schätze“ und so möchte er sie auch erleben. Vermeiden Sie jeden Lärm. Wenn er nach Hause kommt, schalten Sie Spülmaschine, Trockner und Staubsauger aus. Ermahnen Sie die Kinder, leise zu sein.
- Seien Sie glücklich, ihn zu sehen.
- Begrüßen Sie ihn mit einem warmen Lächeln und zeigen Sie Ihm, wie aufrichtig Sie sich wünschen, ihm eine Freude zu bereiten.
- Hören Sie ihm zu. Sie mögen ein Dutzend wichtiger Dinge auf dem Herzen haben, aber wenn er heimkommt, ist nicht der geeignete Augenblick, darüber zu sprechen. Lassen Sie ihn zuerst erzählen - und vergessen Sie nicht dass seine Gesprächsthemen wichtiger sind als Ihre.
- Der Abend gehört ihm. Beklagen Sie sich nicht, wenn er spät heimkommt oder ohne

Sie zum Abendessen oder irgendeiner Veranstaltung ausgeht. Versuchen Sie stattdessen, seine Welt voll Druck und Belastungen zu verstehen. Er braucht es wirklich, sich zu Hause zu erholen. Ihr Ziel sollte sein: Sorgen Sie dafür, dass ihr Zuhause ein Ort voller Frieden, Ordnung und Behaglichkeit ist, wo Ihr Mann Körper und Geist erfrischen kann.

- Begrüßen Sie ihn nicht mit Beschwerden und Problemen.
- Beklagen Sie sich nicht, wenn er spät heimkommt oder selbst wenn er die ganze Nacht ausbleibt. Nehmen Sie dies als kleineres Übel, verglichen mit dem, was er vermutlich tagsüber durchgemacht hat.
- Machen Sie es ihm bequem. Lassen Sie Ihn in einem gemütlichen Sessel zurücklehnen oder im Schlafzimmer hinlegen. Halten Sie ein kaltes oder warmes Getränk für Ihn bereit.
- Schieben Sie Ihm sein Kissen zurecht und bieten Sie ihm an, seine Schuhe auszuziehen. Sprechen Sie mit leiser, sanfter und freundlicher Stimme.
- Fragen Sie ihn nicht darüber aus, was er tagsüber gemacht hat. Zweifeln Sie nicht an seinem Urteilsvermögen oder seiner Rechtschaffenheit. Denken Sie daran: Er ist der Hausherr und als dieser wird er seinen Willen stets mit Fairness und Aufrichtigkeit durchsetzen. Sie haben kein Recht, ihn in Frage zu stellen.
- Eine gute Ehefrau weiß stets, wo ihr Platz ist.

(©Housekeeping Monthly,1956)

Besonders der letzte Satz zeigt schon, wie die Rangordnung aussah. Ich möchte aber an dieser Stelle ganz klar betonen, dass an all dem Nichts auszusetzen ist, WENN es genau das ist, was Du tun möchtest in Deinem Leben. Denn Alles Andere wäre ja schon wieder eine Bevormundung Deiner Person.

Ansonsten aber ist dieses krasse Beispiel eine gute Gelegenheit mal zu hinterfragen, was Du wirklich darüber denkst und wieviel davon noch in Dir steckt! Kannst Du Dich vielleicht auch noch an Sätze oder Begebenheiten zu diesem Thema erinnern! Was hast Du damals darüber gedacht? Oder hast Du erstmal garnichts gedacht, wie die Meisten von uns, und es fraglos übernommen?

Auch wenn Bescheidenheit heute noch bei Vielen als großartig und erstrebenswert gilt, ist es oft auch nur eine Frage der eigenen Wertigkeit. Wenn man etwas Wunderbares zu geben hat z.B. in seinem Beruf, dann ist es ein universelles Gesetz, dass auch ein gleichwertiger Energieaustausch stattfinden sollte. Wenn Du also das Gefühl hast, irgendetwas Großartiges bekommen zu haben, dass einen Unterschied in Deinem Leben macht, was bist Du bereit dafür zu tauschen? Zum Glück leben wir in einer Zeit, in der man nicht mehr 1 Huhn eintauschen muss, um ins Kino gehen zu dürfen, oder dafür die Kinder der Kinokassiererin beaufsichtigen. Es wurde ein Tauschmittel eingeführt, dass leichter zu transportieren ist - Geld!

Wenn Du also Deine Zeit und Energie hergibst um für Deine Familie oder Deiner Firma Deine bestmögliche Arbeit abzuliefern, sollte ein gleichwertiger Tausch stattfinden, Alles Andere ist mangelnde Wertschätzung - keine Bescheidenheit! Und wenn Du selber Dich nicht wertschätzt, wird es auch kein Arbeitgeber, Partner oder Deine Kinder tun. Geld ist einfach nur Papier, es hat keinen eigenen Wert mehr, wie früher Goldmünzen. Und es ist mehr als genug davon vorhanden in der Welt, warum lieber für Andere als für Dich! Bist Du es Dir nicht wert? Wenn Du nicht so bescheiden bist, kannst Du viel Gutes in der Welt tun und sehr viele Menschen können davon profitieren. Es nutzt niemandem Etwas wenn DU bescheiden bist und arm, dann kannst Du keinem Menschen weiterhelfen. Hast Du Angst vor der Meinung der Menschen, Du könntest umbescheiden sein? (Siehe Kapitel 15) Oder hast Du Angst ein unersättlicher Mensch zu werden, wenn Du Dir das Ende Deiner Bescheidenheit eingestehst? Vertraue Dir, ein gutes und reiches Leben macht aus einem guten Menschen keinen Schlechten! Und auch Geld verdirbt nicht den Charakter, wenn er nicht schon verdorben war.

Also mach es wie die Blume, lebe Deine Gabe und den Sinn Deines Lebens und sei was Dein Glück und die Liebe angeht, einfach nur sehr sehr unbescheiden! Denn Du hast das Beste verdient ♥ Du musst Dich nur genug selber lieben um es Dir auch zuzugestehen. Vertraue auf Dich, Deine Intuition und Deinen Körper, oft haben wir das verlernt, denn als kleine Kinder konnten wir das noch!

Das Beste aus Deinem Leben zu machen und es so viel wie möglich zu geniessen, ist nicht nur Dein Geburtsrecht, sondern Deine Pflicht! Denn es nicht zu tun, wäre sehr undankbar und mangelnde Wertschätzung gegenüber der Schöpfung, die sich soviel Mühe damit gegeben hat, Dir diesen wunderbaren Körper und Geist zur Verfügung zu stellen! Zeige der Schöpfung oder Gott (oder woran Du glaubst) Deine Dankbarkeit, indem Du deren Gaben wertschätzt und das Beste daraus machst!

Wer von uns kennt nicht den Spruch „Geben ist seliger denn Nehmen"? Dieser Spruch ist einfach sinnlos, weil: Wo kein Empfänger, da kein Geber! Niemand kann also jemandem eine Freude mit seinen Gaben machen, der nicht empfangen kann. Leider ist es so, dass wir diese Bescheidenheit so in uns verankert haben, dass wir garnicht in der Lage sind aus vollem Herzen zu empfangen, weder die Schönheiten des Lebens noch die Gaben von anderen Menschen. Wie reagierst Du, wenn jemand an Deiner Tür klingelt, um Dir etwas zu schenken, obwohl Du garnicht Geburtstag hast? Bist Du beschämt oder überlegst Du sofort, wie Du das wieder gut machen kannst, anstatt Dich ausgiebig zu freuen und zu bedanken? Sollte der Schenkende ein Fremder sein, vermutest Du wahrscheinlich sofort etwas Schlechtes dahinter, denn wer verschenkt schon Etwas ohne Gegenleistung - und haben wir nicht als Kinder gelernt, keinem Fremden zu trauen? Auch so ein Glaubenssatz, der vielleicht in der Kindheit Sinn macht, aber uns später zu einem sehr misstrauischen und einsamen Erwachsenen machen kann!

Probiere es doch mal aus, wie es sich anfühlt! Wenn Du demnächst ohne besonderen Anlass ein Geschenk bekommst, sei achtsam und nicht verlegen, antworte nicht solche Sachen wie: Das wäre aber nicht nötig gewesen! Zeige statt dessen einfach nur Freude und Dankbarkeit, denn damit kannst Du dem Schenkenden die allergrößte Freude bereiten.

Bescheidenheit bescheidet, Demut befreit!

(Veit Lindau, Sprecher, Lehrer und Bestsellerautor)

Kapitel 17

Meridian-Tapping

Soforthilfe - auch bei Heisshunger-Attacken

Du kannst nicht mit frohen Mutes nach Vorne blicken, wenn in Deinen Augen noch die Tränen der Vergangenheit sind!

(Beate Huppertz-Herrmann)

Jetzt wirst Du Dich vielleicht als Erstes fragen: Was ist Tapping?

Darauf gebe ich Dir zuerst meine persönliche und emotionale Antwort: Ein Wunder! Um genau zu sein, eine Turbo-Heilungs-Technik, die in minutenschnelle Blockaden auflösen und auch eine Heisshunger-Attacke abwehren kann.

Jetzt kommt die offizielle Erklärung: Tapping oder genau Meridian Tapping ist ein therapeutisches Konzept aus dem Bereich der „energetischen Psychologie" und ist eine Methode zur Linderung und Behandlung von Angst, Stress, Phobien und psychischen, sowie körperlichen Störungen durch Stimulation von Meridianpunkten, vielen besser als Akupunktur- oder Akupressurpunkte bekannt.

Im Frühjahr des Jahres 2012 ist Meridian Tapping als "evidenzbasierte Methode" von der APA (American Psychological Association) als wissenschaftlich fundierte Therapiemethode anerkannt worden.

Es ist eine emotional-energetische Akupunktur ohne Nadeln. Man klopft auf bestimmte Punkte an Kopf und Körper und beseitigt damit Blockaden im Energiekreislauf.

Die Grundthese dieser Methode ist nämlich, dass negative Emotionen durch Blockaden im Energiesystem des Körpers gespeichert werden. Diese Blockaden lassen sich durch Klopfen auf diese Punkte und das gleichzeitige Denken an das Problem sehr schnell auflösen und eine Verbesserung der Situation tritt in kurzer Zeit ein.

Tapping hat seinen Ursprung in der Traditionellen chinesischen Medizin. Die Lehre der Meridiane wurde vor ca. 5000 Jahren dort entdeckt. Ähnlich wie die Blutgefässe durchziehen sie unseren Körper, nur mit dem Unterschied, dass sie unsichtbar sind und statt Blut Energie transportieren.

Wenn die Energien ungehindert und harmonisch fließen können und unsere Energiesysteme im Gleichgewicht sind, ist der Mensch an Körper und Seele gesund.

Nach anfänglicher Skepsis durch die westliche Schulmedizin und Wissenschaft, hat Tapping in den letzten Jahren einen spektakulären Einzug in unsere Welt gehalten. Im Kosovo wurden mit großem Erfolg Hunderte von überlebenden Opfern von "ethnischen Säuberungen" mit Meridian Tapping von ihren Traumata erlöst. Im amerikanischen Senat wird gerade der Einsatz von Meridian Tapping zur psychologischen Begleitung der Afghanistan Veteranen erwogen. Meridian Tapping gehört in Israel zum Rüstzeug von Ersthelfern bei Selbstmord - Terrorakten.

Auch nach dem Anschlag auf eine amerikanische Grundschule, der Sandy Hook Elementary School in Newtown, im Dezember 2012 wurden viele Eltern der 20 getöteten Kinder und andere traumatisierte Helfer erfolgreich mit dieser Methode behandelt.

Eine Studie von Dr. Dawson Church, preisgekrönter Bestsellerautor und Gründer des National Institute of integrative Healthcare, zeigte anhand der Cortisonwerte im Körper der Testpersonen folgendes Ergebnis:
83 Teilnehmer wurden in 3 Gruppen aufgeteilt. Die erste Gruppe erhielt eine Tapping-Stunde, die zweite Gruppe erhielt eine Stunde Gesprächstherapie. Die dritte Gruppe diente nur als Kontrollgruppe, ohne jegliche Behandlung. Es wurde in allen drei Gruppen der Cortisol-Spiegel (Cortisol = Stresshormon) vor und nach der Behandlung gemessen. Die Tapping-Gruppe konnte eine Reduzierung, des Stresshormons im Blut von 24 % aufzeigen, während die beiden anderen Gruppen den gleichen Wert wie vorher hatten.

Diese Klopf-Akupressur in Verbindung mit bestimmten Sätzen und Affirmationen ist eine wirklich sehr effektive Methode, die ich selber sehr oft anwende, denn man kann sie für jeden Lebensbereich benutzen. Ob Stress mit dem Chef oder Angst vor Spinnen, es ist einfach genial! Ich habe das Tapping während des Schreibens an diesem Kapitel angewandt, als mir auffiel, dass ich beim stundenlangen Sitzen vor dem Laptop öfter mal Sehnsucht nach etwas Süssem bekam und beim 2. Absatz auch schon das 2. Toffifee holen wollte. 1 Minute klopfen und Affirmieren und der Wunsch nach Toffifee hatte sich in den Wunsch nach einem gekühlten Glas Mineralwasser verwandelt. Für mich immer wieder ein Wunder ☺

Nachdem ich Dich jetzt so neugierig gemacht habe, erkläre ich jetzt Schritt für Schritt wie es geht! Damit Du die Punkte besser findest, gibt es auch Fotos dazu.

1. Identifiziere das Problem oder Thema, dass Du bearbeiten möchtest. Es kann etwas Generelles sein wie Ängstlichkeit oder Scham, oder eine spezielle Situation, die Du gerade ändern möchtest, wie z.B. einen Heisshunger-Anfall!
2. Denke intensiv an die Situation oder das Problem. Ist es ein Bild oder ein Gefühl?
3. Gib ihm einen Wert auf einer Skala zwischen 0 und 10.
4. Entwirf einen Satz mit der Beschreibung des zu lösenden Problems und hänge dahinter eine positive Affirmation über Dich an. Z.B. : Ich habe jetzt Heisshunger (z.B. auf diese Tafel Schokolade), aber ich liebe und akzeptiere mich und meine Gefühle!
5. Beginne das Tapping , indem Du mit 4 Fingern einer Hand auf den sogenannten Karatepunkt der anderen Hand klopfst und dabei 3 mal hintereinander den entworfenen Satz sagst (Ich habe jetzt Heisshunger....). Die Lage der Punkte wird später genau erklärt.
6. Du gehst jetzt nach einander alle 8 Tapping-Punkte durch und klopfst dabei 5-7 Mal auf die jeweilige Stelle.
7. Während des Klopfens sagst Du einen Satz. Siehe Beispiel unten!
8. Du benutzt folgende Finger an folgenden Stellen:

Augenbraue: Beide Hände, jeweils Zeige- und Mittelfinger
Schläfen: Beide Hände, jeweils Zeige- und Mittelfinger
Unter dem Auge: Beide Hände, jeweils Zeige- und Mittelfinger
Unter der Nase: Eine Hand, Zeige- und Mittelfinder
Am Kinn: Eine Hand, Zeige- und Mittelfinger
Schlüsselbein: Beide Hände, jeweils 4 Finger, ausser Daumen
Unter dem Arm: Beide Hände, jeweils 4 Finger, ausser Daumen
Auf dem Kopf: Beide Hände, jeweils 4 Finger, ausser Daumen

- ♥ KP Karate-Punkt: Handkante am Ansatz des kleinen Fingers (mit den Fingern der jeweils anderen Hand klopfen)
- ♥ AB Augenbraue, innen am Ansatz der Nasenwurzel
- ♥ SA Seite des Auges, auf dem Punkt, wo der Lidstrich enden würde, Knochen
- ♥ UA Unter dem Auge, in der Mitte auf dem knöchernen Bogen
- ♥ UN unter der Nase, in dem sanften Bogen über der Lippe
- ♥ UL Unter der Unterlippe, direkt am Rand, wo die Lippe ins Kinn übergeht
- ♥ SB Schlüsselbeinpunkt, die 2 Vertiefungen unter dem Schlüsselbein
- ♥ UAR Unter dem Arm, eine Handbreit unter der Achselhöhle
- ♥ SP Scheitelpunkt, auf dem höchsten Punkt des Kopfes

So sieht eine Beispiel-Tapping-Runde zum Thema Heisshunger aus:

Dreimal tief durch die Nase einatmen und durch den Mund ausatmen und dabei intensiv an die Problematik denken.

KP: Auch wenn ich starken Heisshunger auf diese Schokolade habe, liebe und
akzeptiere ich mich und meine Gefühle.
KP: Auch wenn ich starken Heisshunger auf diese Schokolade habe, liebe und
akzeptiere ich mich und meinen Körper.
KP: Auch wenn ich starken Heisshunger auf diese Schokolade habe, entscheide ich
mich, mich und meine Gefühle zu lieben und zu akzeptieren.

AB: Heisshunger auf Schokolade
SA: Mein Heisshunger auf Schokolade
UA: Heisshunger auf Schokolade
UN. Diese Sehnsucht in mir nach Schokolade
UL: Ich fühle mich machtlos wenn ich Heisshunger habe
SB: Ich fühle mich meinem Heisshunger ausgeliefert
UAR: Ich fühle mich der Schokolade ausgeliefert
SP: Heisshunger auf Schokolade

AB: Ich vertraue meinen Gefühlen
SA: Ich vertraue meinem Hungergefühl
UA: Ich vertraue meinem Körper, er weiss was gut für mich ist
UN: Ich vertraue mir und meinem Körper
UL: Mein Körper will nur Gutes für mich

SB: Ich liebe mich
UAR: Ich liebe meinen Körper
SP: Ich möchte meinem Körper nur Gutes tun

Dreimal tief durch die Nase einatmen und durch den Mund ausatmen.
Nach der 1. Runde nimmst Du einen sehr tiefen Atemzug und spürst wieder in Dich hinein. Wie würdest Du Deinen Heisshunger jetzt auf einer Skala von 0 – 10 bewerten? Wenn es noch nicht bei Null ist, mache eine weitere Tapping-Runde und ändere den Satz mit dem Du 3mal den Karatepunkt klopfst ein wenig ab: Auch wenn ich **immer noch** Heisshunger(z.B. auf diese Schokolade) habe, liebe und akzeptiere ich mich vollkommen.

Jetzt beginne die 2. Runde und bewerte anschliessend wo Dein Heisshunger sich jetzt auf der Skala befindet. Falls er wider Erwarten noch nicht bei Null ist mach solange weiter bis er weg ist. Oft aber klappt es schon in der 1. Runde!

Du kannst natürlich statt Schokolade Alles einfügen, auf das Du Heisshunger verspürst.

Dieses Beipiel ist allerdings ist für einen schnellen Erfolg gedacht, da es bei Heisshunger keinen Aufschub duldet. Man kann mit dieser Methode wirklich ALLES bearbeiten, muss dafür aber erst einmal seine Glaubenssätze herausarbeiten, wie in Kapitel 9 ausführlich beschrieben wurde.

Auf der nächsten Seite findest Du eine Skizze der Tapping-Punkte. Hinten im Buch findest Du auch einen Link zu einem Video, wo ich Dir die Punkte noch einmal genau zeige und Dir erkläre, wie man sie klopft.

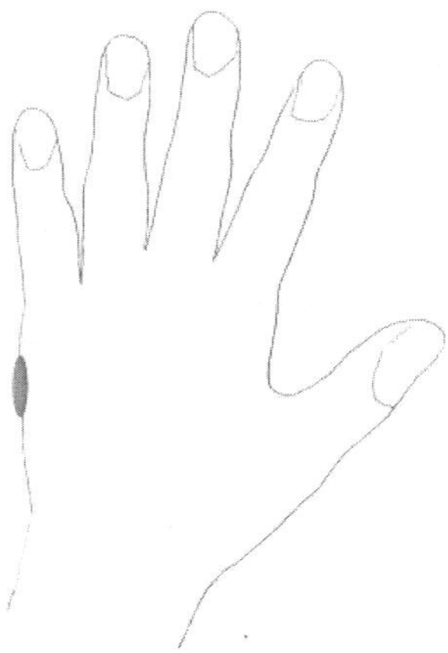

Karatepunkt

Wenn Du Tapping dazu nutzen möchtest, um Gewicht zu verlieren, dann fang damit an, Dich nicht mehr auf das Essen und den Sport zu konzentrieren, sondern darauf das zu tappen, was in Deinem Kopf vorgeht, zum Thema Gewicht und andere Stressoren in Deinem Leben.

Du tappst über

- Deine Kritik an Deinem Körper
- Die Wut auf Dich
- Den Stress
- Die Essattacken
- Die Entschuldigungen, die Du Dir selber gibst, warum Du niemals Gewicht verlieren KANNST
- Über Deine inneren Muster

Anstatt Dir zu wünschen in einem anderen Körper zu sein, lerne Deinen eigenen Körper anzunehmen und liebevoll zu bewohnen.

Fang damit an, Dir die folgenden Fragen zu stellen, um beim Tapping die richtigen Sätze zu finden und die richtigen Stellen, die es zu bearbeiten gilt. Auch hier ist es wieder wichtig, dass Du Dir die Antworten notierst.

Fragen zu Ereignissen:

- Hast Du irgendwelche Erfahrungen in der Vergangenheit gemacht, die Dich auf negative Weise beeinflussen?
- Wann genau hast Du begonnen zuzunehmen?
- Was passierte da in Deinem Leben?
- War es während einer stressigen Zeit, wie z. B. Trennung, Scheidung usw...
- Wann wurde Dein Gewicht erstmals ein Problem?

Denk einen Moment über das Ereignis nach, von dem Du denkst, das es zu Deiner Gewichtszunahme geführt hat.

Mit Hilfe von Tapping bist Du in der Lage, Dich daran zu erinnern, ohne das dieselbe physische Reaktion wie Trauer oder Angst in Dir und Deinem Körper ausgelöst wird.

Was für Glaubenssätze gibt es, die Dich an Deinem Gewicht festhalten lassen? Welche Glaubenssätze hast du über Deinen Körper und Heilung?

Vielleicht diese:

- In meiner Familie sind alle dick, das sind meine Gene
- Gewicht zu verlieren bedeutet, dass ich mir etwas wegnehme
- Menschen wie ich sind niemals in Form
- Mein Körper arbeitet immer gegen mich

Welche Geschichten erzählst Du Dir selber, warum Du nicht in der Lage bist abzunehmen? Diese Geschichten gilt es zu finden und zu verändern. Du wirst herausfinden, das das was Du bislang für Fakten gehalten hast, nur Glaubenssätze sind. Diese Gedanken, warum wir etwas nicht können, erschaffen die sogenannten „sich selbst erfüllenden Prophezeiungen“! Diese alten Geschichten haben solch eine emotionale Kraft, dass einfache Logik dort versagt. Wir sind so daran gewöhnt, den Play-Knopf zu drücken und den Film in unserem Kopf zu starten, mit dem Titel:
Warum ich niemals Gewicht verliere! Es kontrolliert unsere Realität und unser gesamtes Leben. Durch das Tappen verlieren die Glaubenssätze ihre emotionale Last.

Ein weiterer Aspekt sind die Gefühle. Es ist wichtig herauszufinden, welche Gefühle Du hast und zu vermeiden versuchst, wenn Du Dich in selbst-sabotierende Verhalten begibst.

- Was fühlst Du oder vermeidest Du zu fühlen wenn Du einen Fressanfall hast? Einsamkeit, Unzufriedenheit, Ärger, Groll...?
- Was sind das für Gefühle, die Du hast, wenn Du über Deinen Körper nachdenkst? Ärger, Enttäuschung, Frust?
- Wie würdest Du empfinden, wenn ich Dir sage, ich nehme Dir Deine Trostnahrung weg? Würde sich das Leben noch erträglich anfühlen?
- Was will Dein Gewicht Dir über Dein Leben aussagen?
- Wofür ist Dein Gewicht eine Metapher
- Versteckst Du Dich hinter Deinem Gewicht, statt so herrlich und frei wie möglich zu leben?
- Ist Dein Gewicht ein Weg Dich vor einer Partnerschaft zu schützen?
- Oder ist es eine sichere Ausrede Dein Ziel nicht zu erreichen?
- Welche Geschichte erzählst Du Dir darüber, wer Du bist?
- Welche Geschichten erzählst Du Dir darüber, warum bisher Nichts bei Dir gewirkt hat?

Fühlen sich die folgenden Sätze nicht friedlich an:

♥ Mich jetzt auf meine Tapping-Übungen zu konzentrieren ist eine neue und effektive Methode Gewicht zu verlieren
♥ Meine vergangenen Diäten sind gescheitert und das ist OK
♥ Jetzt ist es Zeit für Etwas, das wirklich funktioniert

Diese Sätze sind für Dich, damit Du weisst, dass es nicht Dein Fehler war und Alles mit Dir in Ordnung ist. Du wusstest nicht, was die wirklichen Zusammenhänge sind. Und all diese anderen Aspekte liefen in Deinem Unterbewusstsein ab. Du hattest kein Werkzeug es zu bearbeiten, jetzt aber hast Du eins und und darum ist dieser Moment für Dich ein Startpunkt.

Tapping ist kein Programm, das Dir sagt: Du hast diese Speisen in dieser Reihenfolge zu essen und Alles wird gut, oder mach diese Sportübungen auf diese Art und es wird besser wirken als Alles andere.
Diese leeren Versprechungen können nur mißglücken, weil sie nicht damit arbeiten, was wirklich das Problem ist.

Die Kraft der Freude verändert die Hormone in unserem Körper und unterstützt dadurch den Gewichtsverlust, darum heisst es ab jetzt, soviel Freude und Frieden in Dein Leben zu bringen, wie möglich. Jetzt wird eine neue Geschichte geschrieben, die Dich voran bringt, in die Richtung Deiner Ziele.

Zum Schluss noch ein weiteres Beispiel für eine Tapping-Runde zum Thema Abnehmen:

Dreimal tief durch die Nase einatmen und durch den Mund ausatmen und dabei intensiv an die Problematik denken.

AB: Dieser Druck Gewicht verlieren zu müssen
SA: Diese Angst
UA: Dieser Herzschmerz
UN: Ich habe es so sehr versucht
UL: und nichts scheint zu wirken
SB: Dieser Druck
UAR: Dieser Kampf
SP: Dieser Druck Gewicht verlieren zu müssen

AB: Dieser Kampf
SA: Es ist so einfach für alle Anderen
UA: Für mich funktioniert es einfach nicht
UN: Und ich versuche es so sehr

UL: All diese Gefühle, diesen Kampf betreffend
SB: Dieser Druck Gewicht zu verlieren
UAR: Diese Ängste um den Gewichtsverlust
SP: All diese Ängste

AB: Vielleicht kann ich jetzt etwas Anderes probieren
SA: Vielleicht höre ich auf, mich selber schlecht zu machen
UA: Ich fühle all diese Ängstlichkeit
UN: Vielleicht kann ich eine wirkliche Veränderung schaffen
UL: indem ich in mein Inneres gehe
SB: vielleicht kann ich eine wirkliche Veränderung schaffen
UAR: indem ich meinen Körper mehr liebe
SP: Vielleicht macht mir das ja richtig Spaß

AB: Ich bin in Ordnung so wie ich bin
SA: Ich lasse diesen Druck gehen
UA: Ich fühle mich stark und entspannt in meinem Körper
UN: Ich fühle mich gut in meinem Körper
UL: Ich finde neue Wege um mich besser zu fühlen
SB: Ich liebe es gut für meinen Körper zu sorgen
UAR: Es ist Zeit für ein neues Vorgehen
SP: Es ist Zeit diesen Druck loszulassen und für die Leidenschaft mein Leben zu lieben

Dreimal tief durch die Nase einatmen und durch den Mund ausatmen.

„Nichts existiert das von Dauer ist,
das einzig Dauerhafte ist die Veränderung!"

(Buddha)

Kapitel 18

Selbstboykott - die Angst vor Veränderung

„Wer ständig glücklich sein möchte, muß sich oft verändern"

(Konfuzius, chinesischer Philosoph, 551 – 479 vor Christi)

In diesem Kapitel möchte ich Dich unbedingt noch mit einer Falle vertraut machen, die manche an ihrer Heilung hindert. Diese Falle ist in Dir selber, das macht sie so effizient und auch gefährlich. Vielleicht hast Du das Buch mit viel Interesse gelesen, Dich an manchen Stellen wieder erkannt und auch schon ein gutes Gefühl entwickelt, jetzt endlich den Schlüssel zum Glück in der Hand zu halten. Oder zumindest das Gefühl, das Du kein Opfer der Umstände bist und die Heilung jetzt beginnen kann. Und genau jetzt setzt der wichtige Prozess ein, Du musst ins TUN kommen. Die Veränderungen im Denken müssen jetzt umgesetzt werden. Die Übungen werden Dich bestmöglich dabei unterstützen und es macht viel Sinn, das Buch mehr als einmal zu lesen. Glaube mir, Du wirst immer wieder etwas Neues entdecken und Dich fragen, warum Du es beim ersten Mal überlesen hast. Alles kommt dann zu Dir, wenn Du dazu bereit bist.

Der allerwichtigste Faktor aber bist und bleibst Du selber, und Dein Wunsch nach Veränderung. Das kann weder ich noch irgendjemand Anderer Dir abnehmen. Du sollstest Dir darüber im Klaren sein, dass es in Dir selber Stimmen geben wird, die nicht mit Deiner Veränderung einverstanden sind. Sie werden Dinge sagen, wie: Lass es doch einfach, wir sind doch bisher auch irgendwie klargekommen. Was soll das bringen, das Leben ist eben so. Du bist halt keine Elfe, finde Dich damit ab, usw........!

Genau deshalb ist es so wichtig mit Hilfe von Affirmationen und Tapping an Deiner eigenen Wertschätzung zu arbeiten. Wenn Du es Dir wert bist geliebt zu werden, dann kommt das Glück und ein gesunder, schlanker Körper ganz von alleine. Sei nicht zu streng mit Dir, auch wenn Du mal einen Rückschritt machst. Danach geht es dann wieder 2 Schritte nach vorne. Wenn Du diesen Weg nicht liebevoll, sondern verbissen gehen möchtest, führst Du die Selbstliebe damit ad absurdum. Genauso wie ein Knäuel Wolle, das sich verheddert hat - durch heftiges daran zerren wird es sich nicht entwirren, nur mit viel liebevoller Geduld!

Bei meiner Arbeit mit Klienten und Gruppen werde ich immer wieder mit dem Phänomen des Selbstboykotts konfrontiert. Klienten, die sehr effektive Stunden und Erlebnisse hatten, kommen nach der 1. oder 2. Stunde nicht mehr wieder. Entweder wird sich nicht mal abgemeldet oder entschuldigt, oder die etwas Mutigeren haben mehr oder weniger fadenscheinige Ausreden, warum sie nicht mehr kommen oder teilnehmen können. Manchmal sind es vorgeschobene und leicht zu durchschauende Lügen, oft aber ist es so, dass sie tatsächlich Krankheiten wie Durchfall, Fieber oder Ähnliches haben, und zwar genau zu dem Zeitpunkt, wo eigentlich etwas für ihre Heilung stattfinden sollte.

Die Angst vor Veränderung ist dann so stark und tiefsitzend, das der Körper Krankheitssymptome bildet, die es demjenigen unmöglich machen, diese Gelegenheit etwas Gutes für sich zu tun, wahr zu nehmen. Für denjenigen scheint es in diesem Moment einfacher zu sein, so zu bleiben wie er ist, denn auch wenn es Leiden ist, so kann es sich doch vertraut anfühlen.

Diesen Boykott einer Heilungsmöglichkeit haben wir meistens unseren sogenannten „Inneren Wächtern“ zu verdanken. Sie wollen uns damit nicht schaden, sondern dienen. Sie sind nämlich dazu da, wie der Name schon sagt, darüber zu wachen, dass nichts Schlimmes zu uns vordringt. Sie wachen zum Beispiel darüber, dass bei einem Missbrauch in der Kindheit eine Art Schleier des Vergessend darüber gelegt wird. Bei manchen Opfern ist es so ausgeprägt, dass sie sich komplett an Nichts mehr erinnern. Die Wächter wehren sich gegen Alles, was die Erinnerung wieder hervorholen soll. Sie wissen nicht, dass es wichtig ist gewisse Dinge zu fühlen, um sie gehen zu lassen. Sie machen nur ihren Job – und das sehr gewissenhaft. Mit der Zeit lernen wir sie zu erkennen. Wenn Du also mal wieder einen Boykott als Wächter identifizierst, sage ihm dankbare Worte für seine schützende Tätigkeit und versprich ihm so fürsorglich und gut wie möglich, mit Dir, dieser Angelegenheit und deren Aufdeckung umzugehen. Dann weicht sein Widerstand auf. Diese Wächter sind in der Kindheit und bei Traumata im Erwachsenenalter sehr wichtig, wenn man das was passiert mit klarem Verstand nicht ertragen kann und somit in eine Welt des Verdrängens und Vergessens abdriften muss, um nicht verrückt zu werden.

Je mehr wir uns an einem Problem festklammern, je deutlicher zeigt es und den Stellenwert dieses Problems in unserem Leben.

Ein gutes Beispiel für einen derartigen inneren Wiederstand ist eine Klientin, die sich in regelmässigen Abständen notfallartig bei mir meldet. Sie ist eine übergewichtige Raucherin, die schon unzählige Krankheiten und auch OP's hinter sich gebracht hat und auch noch hat. Sie lebt in schwierigen finanziellen Verhältnissen und umgibt sich mit Menschen, die nicht gut mit ihr umgehen, sie beleidigen und ausnutzen. Ihre Ausrede gegen eine regelmäßige Sitzung bei mir ist, dass sie sich das nicht leisten kann. Ich könnte ihr natürlich im Notfall umsonst helfen, tue es aber nicht mehr, da ich weiß, das sie ihr Geld für Zigaretten und Schmuck ausgibt. Ein Teil der Heilung ist es, die Prioritäten auf das eigene Wohlbefinden zu setzen und das wäre dann nicht gegeben. Wenn sie dann mal wieder anruft und mich bittet kommen zu dürfen und ich es für sie irgendwie möglich mache, dann ist es fast unmöglich auf das Thema selber zu kommen. Ihr fallen unendlich viele andere Themen ein, sie möchte dann über Schmuck, Blumen, Kochrezepte und vieles mehr sprechen. Sie muss mehrmals zur Toilette oder bekommt irgendein körperliches Leiden, möchte sich lieber meine Blumen ansehen usw. Ich könnte endlos fortfahren. Natürlich macht sie das nicht bewusst, aber irgendwer oder irgendwas sitzt wie ein Teufelchen auf ihrer Schulter und möchte verhindern, dass so ein „wertloser“ Mensch, der sie ihrer Meinung nach ist, zum Glück findet. Ich finde es sehr schade, weil sie sehr nett und liebenswert ist, aber wenn jemand nicht bereit ist, kann Nichts und Niemand auf der Welt ihn zwingen eine Veränderung vorzunehmen. Leider ist oft eine Krankheit oder ein Schicksalsschlag vonnöten um denjenigen wachzurütteln. Das ist für mich sehr traurig und ich musste erst lernen, solche

Klienten ihren Weg gehen zu lassen - denn ich sehe mich weniger als Verkäufer, denn als Lehrer!

Diese Phase gilt es auf dem Weg zur Heilung zu überwinden, denn es liegt in der Natur der fehlenden Selbstliebe und einer Essstörung, Nahrung und Verhaltensweisen zu boykottieren, die gut für Dich sind.

Stell Dir vor, Du könntest die gesamte Energie, die Du bisher dafür genutzt hast, Dein Problem geheimzuhalten, es irgendwie mit Diäten in den Griff zu kriegen oder Dich gegen eine Lösung zu stemmen, für Dich und Deine Heilung aufwenden! Das ist doch ein sehr schöner und befreiender Gedanke. Du hast diese Energie, es wäre hoch effektiv, sie FÜR Dich einzusetzen, nicht GEGEN Dich.

Was immer Du entscheidest ab jetzt zu tun, es wird Realität, also prüfe sehr genau, was Du gerade denkst. Welche Gedanken gehen Dir jetzt gerade durch den Kopf und wie werden sie Dein Leben beeinflussen? Wenn Du Dir vorstellst, dass die möglichen Gedanken wie bei einem Buffet angerichtet wären, welche würdest Du auf Deinen Teller laden. Gedanken, die Dich weiterbringen und Dir gut tun, oder Gedanken, die Dir schaden? Wenn auf dem Buffet Essen liegen würde, würdest Du doch sicher nicht mit Absicht nach dem Essen greifen, das Dir Übelkeit verursacht, oder? Eigentlich ein guter Gedanke, das ein Essen, das uns mittel- und langfristig schadet, uns sofort Übelkeit verursacht, denn dann würden wir an Ort und Stelle Ursache und Wirkung erkennen - und nicht erst, wenn die Arterien verstopft sind, der Herzinfarkt naht oder die Waage ein hohes Übergewicht anzeigt.

Der Widerstand, den manche Menschen gegen positive Veränderungen an den Tag legen, ist äussert vielfältig und sicher kommt Dir auch die Ein oder Andere Verhaltensweise davon ziemlich bekannt vor. Wenn es ans „Eingemachte“ geht, reagieren wir schonmal gerne auf folgende Weise:

- Wir wechseln das Thema
- Wir werden krank
- Wir müssen „dringende“ Arbeiten erledigen
- Wir lesen/blättern in einer Zeitschrift
- Wir essen etwas
- Wir müssen erst eine Zigarette rauchen
- Wir verlassen das Zimmer
- Wir kommen zu spät
- Wir werden plötzlich müde

Auch die Ausreden, die uns dazu einfallen, sind immer recht ähnlich:

- Bei mir ist das ganz anders, als bei allen Anderen, das kann man nicht vergleichen
- Nur Leute, die verrückt sind, brauchen einen Therapeuten
- Die Methode hilft sowieso nicht, es gibt einfach Nichts was helfen kann
- Mein Mann/Frau würde das nicht wollen und es auch nicht verstehen
- Mein Problem wird sich sicherlich ganz von alleine auflösen
- So etwas kann garnicht sein, das gab es noch nie in meiner Familie
- Sowas gehört sich einfach nicht
- Wo kämen wir da hin, wenn sich jeder so ernst nehmen würde
- Dafür bin ich zu alt
- Dafür bin ich zu jung
- Das kann ich mir nicht leisten
- Es ist zu weit
- Es ist zu spät
- Es ist zu früh

- Es ist zu billig, dann kann es nix taugen
- Es ist zu teuer, Alles nur Geldmacherei
- Ich bekomme bestimmt keinen Urlaub dafür

Auch alle Anderen (eine undefinierbare Masse) werden gerne als Vorwand genutzt:

- wieso soll ich mich ändern, zuerst sollen sich mal die Anderen verändern
- ich möchte Niemanden verletzen, beschämen
- Was sollen denn die Leute sagen?
- Das kann doch niemals im Sinne der Kirche sein und ist nicht bescheiden
- Meine Familie würde mich dann nicht mehr mögen
- Meine Freunde würden mich für verrückt halten
- Es soll keiner erfahren, dass ich dieses Problem (oder überhaupt ein Problem) habe

Ohne es überhaupt versucht zu haben, oder nur ganz kurz, zeigt sich eine Form der Resignation, die über die eigentliche Ursache des Widerstandes, nämlich der Angst hinwegtäuschen soll:

- an mir ist eh Alles falsch und ich bin einfach so undiszipliniert
- man kann sowieso Nichts dagegen unternehmen
- ich will nicht darüber sprechen
- es ist so schwierig
  es kostet Geld
- ich würde sowieso versagen
- ich habe keine Zeit für sowas
- ich werde das später versuchen

Nun, hast Du da ein wenig von Dir wiedergefunden? Ich jedenfalls kenne diese kleinen Ablenkungsmanöver sehr gut aus meinem Leben! Der Versuch findet nach wie vor statt, aber ich erkenne sie jetzt und lasse mich nicht mehr auf den Leim führen! Sie haben keine Chance mehr ☺ Eine wunderbare Methode das zu bearbeiten findest Du in Kapitel 17 – Tapping!

Hier ein wunderbares Gedicht von Herrmann Hesse zum Thema Veränderung:

Stufen

Wie jede Blüte welkt und jede Jugend

Dem Alter weicht, blüht jede Lebensstufe,
Blüht jede Weisheit auch und jede Tugend
Zu ihrer Zeit und darf nicht ewig dauern.
Es muß das Herz bei jedem Lebensrufe
Bereit zum Abschied sein und Neubeginne,
Um sich in Tapferkeit und ohne Trauern
In andre, neue Bindungen zu geben.
Und jedem Anfang wohnt ein Zauber inne,
Der uns beschützt und der uns hilft, zu leben.

Wir sollen heiter Raum um Raum durchschreiten,
An keinem wie an einer Heimat hängen,
Der Weltgeist will nicht fesseln uns und engen,
Er will uns Stuf' um Stufe heben, weiten.
Kaum sind wir heimisch einem Lebenskreise
Und traulich eingewohnt, so droht Erschlaffen,
Nur wer bereit zu Aufbruch ist und Reise,
Mag lähmender Gewöhnung sich entraffen.

Es wird vielleicht auch noch die Todesstunde
Uns neuen Räumen jung entgegen senden,
Des Lebens Ruf an uns wird niemals enden...
Wohlan denn, Herz, nimm Abschied und gesunde!

(Herrmann Hesse, deutscher Schriftssteller, Maler, Dichter, Nobelpreisträger)

Kapitel 19

Interview mit einem Körper

Wie würde es sich wohl anhören, wenn unsere Körper sich mal in unserer Sprache ausdrücken würden? Was würden sie sagen? Was liegt Ihnen auf der Seele? Ich habe mal versucht, das in einem Interview auszudrücken!

Beate Huppertz-Herrmann:

Lieber Körper, ich freue mich sehr darüber, dass Sie mir dieses Interview gewähren!

Körper:

Die Freude ist ganz meinerseits, denn ich habe mich sehr über Ihre Anfrage gefreut, da es mir und vielen anderen Körpern schon seit langer Zeit auf der Seele brennt, verschiedene Situationen und auch Missverständnisse mal aus unserer Perspektive darzustellen.

Beate Huppertz-Herrmann:

Was ist denn das wichtigste Anliegen, dass Sie den Menschen unbedingt mitteilen möchten?

Körper:

Es macht uns Körper natürlich sehr betroffen, dass die meisten Menschen, oft sind es die Frauen, uns für ihren Feind oder Gegner halten.. Sie glauben, wir seien gemein zu ihnen und horten absichtlich Fett an manchen unserer Stellen, um sie unglücklich zu machen.

Beate Huppertz-Herrmann:

Stimmt, das ist ein sehr weit verbreiteter Gedanke und viele Frauen fühlen sich ihm förmlich ausgeliefert und hilflos. Sie glauben, Sie wie einen Feind bekämpfen zu müssen, lieber Körper!

Körper:

Sehen Sie, genau das ist das Missverständnis! Wir Körper lieben die Menschen und möchten nur das Beste für sie. Wir versuchen in jeder Sekunde des Tages ihnen zu dienen und unsere Arbeit bestmöglich zu erledigen. Wir tun das ohne daran erinnert zu werden! Wir pumpen frisches Blut durch das Herz in die Adern, regenerieren die Haut wenn sie verwundet ist, atmen schönen Sauerstoff ein und sorgen für eine perfekte Verarbeitung des Essens und Trinkens, das die Menschen zu sich nehmen! Wären wir eine Maschine, würden wir als Wunderwerk der Technik gefeiert.

Beate Huppertz-Herrmann:

Das ist doch perfekt, was haben die Menschen daran auszusetzen?

Körper:

Sie denken, dass wir Körper es selber schuld sind oder gar extra machen, wenn wir erkranken oder an Übergewicht leiden. Bei einem Auto käme aber auch keiner auf die Idee es zu beschuldigen, wenn er zuvor den falschen Sprit eingefüllt oder sich nicht um die Pflege oder einen Ölwechsel gekümmert hat.
Es ist ganz schön unfair, uns für die angesammelten Pfunde verantwortlich zu machen, es ist doch nur das Gewicht, dass eigentlich auf ihren Seelen liegt, das sich an uns zeigt. Und auf die Seele haben wir Körper keinen Einfluss, das funktioniert nur anders herum!

Beate Huppertz-Herrmann:

Haben die Menschen etwa verlernt auf Sie zu hören und zu achten! Haben sie anderen Menschen und der Diätindustrie geglaubt, dass sie sich selber und ihren Gefühlen und Empfindungen nicht mehr vertrauen können?

Körper:

Genauso ist es! Ihnen wird schon als Kindern erzählt, dass sie so, wie sie sind, nicht in Ordnung sind. Kleine Mädchen fangen schon an, an uns Körpern rumzukritisieren und machen eine Diät um so auszusehen, wie viele Mädchen in den Medien. Diese Mädchen in den Medien sehen aber in Wirklichkeit nicht alle so aus, sondern ihre Fotos sind bearbeitet oder wenn doch, dann gehen sie so schlecht mit uns Körpern um, dass sie Krankheiten, wie zum Beispiel Magersucht bekommen. Sie kämpfen gegen uns, sie entziehen uns Nahrungsmittel und Nährstoffe, die wir so dringend zum Leben brauchen. Dann wiederum stopfen sie soviel Zeugs in uns rein, dass sie danach erbrechen oder Tabletten nehmen, die uns schaden, um wieder dünn zu sein. Sie haben komplett den Kontakt zu demjenigen Körper verloren, der ihnen so treu dient.

Beate Huppertz-Herrmann:
Das ist ja wirklich eine verzwickte Geschichte, was kann man denn da tun? In den letzten Jahren hatte ich eigentlich das Gefühl, dass die Menschen bewusster werden. Sie beschäftigen sich mit dem Gesetz der Resonanz und bestellen sich beim Universum zum Beispiel einen gesunden schlanken Körper!

Körper:

Da haben Sie recht! Dann setze ich auch meinen schönsten Hut auf und will gerade loslegen, da kommt schon ein Glaubenssatz an und drängt mich vehement zurück! Meistens ist es der Glaubenssatz: Ich habe es nicht verdient und bin es nicht wert, dass es mir gutgeht!! Dieser Glaubenssatz und ich, wir kennen uns schon ziemlich lange. Er ist so stark, dass ich keine Chance gegen ihn habe und aufgeben muss ohne gesunden zu können.

Beate Huppertz-Herrmann:

Das kann ich mir sehr gut vorstellen, denn alte unbewusste Glaubenssätze bestimmen unser Leben und haben Einfluss auf fast alle Bereiche. Bestimmt versperrt Ihnen dieser Glaubenssatz auch den Weg, wenn sich jemand gewünscht hat, mit dem Rauchen aufzuhören.

Körper:

Absolut! Alles was uns Negatives angetan wird, wird durch Glaubenssätze wie ihn beschützt und aufrecht erhalten. Da kann der Mensch noch so verzweifelt wünschen, meditieren und visualisieren, dass ich gesund und schlank werde, solange er diesen Glaubenssatz nicht aufspürt, bearbeitet und wegschickt, kann ich nicht zu ihm und seinem Wunsch durchdringen um ihn wahr zumachen. Mir wird ja förmlich die Tür vor der Nase zugeschlagen, wenn ich anklingel.

Beate Huppertz-Herrmann:

Das muss sehr frustrierend für Sie sein, Nichts tun zu können und trotzdem beschuldigt zu werden?

Körper:

Das ist ja noch garnicht Alles. Wir werden von den Menschen gewünscht und eingeladen und wenn wir kommen und gesunden wollen, bekommen wir mit, dass sie gemeine Dinge über uns Körper sagen. Sie schauen uns im Spiegel an und sagen Sachen wie:

- Mein Gott, was für fette Oberschenkel
- Mit diesem ekeligen Schwabbelbauch bekomme ich nie einen Partner
- Mein Körper ist so hässlich

Mal ganz ehrlich, wer möchte schon einem Menschen bestmöglich dienen, der so über einen denkt und spricht?

Beate Huppertz-Herrmann:

Das möchte sicher niemand, aber Sie tun es trotzdem so gut wie möglich, ohne den verdienten Respekt zu bekommen.

Körper:

Manchmal greifen wir Körper zu einem letzten Trick, und arbeiten mit dem Leben und dem Tod zusammen. Es hat sich nämlich herausgestellt, dass die Menschen auf den Tod eher hören, als auf unsere Signale. Sobald er sich nähert und zeigt, fangen sie zwar an zu jammern und zu heulen, aber beginnen dann mit der Zeit uns zu lieben und zu respektieren. Und wenn das gut geklappt hat, dann freut sich auch das Leben, denn es kann endlich so unbekümmert, schön und respektiert werden, wie die Schöpfung es für alle Menschen vorgesehen hat.

Beate Huppertz-Herrmann:

Diese Feststellung mussten sicher schon viele Menschen machen, nämlich, dass man etwas erst schätzt oder liebt, wenn man im Begriff ist, es zu verlieren. Das ist traurig und oft auch zu spät, deswegen bin ich sehr froh und dankbar, mit meiner Arbeit Menschen dabei zu helfen, sich selber zu lieben, denn erst dann hören sie auf Sie als Körper zu ignorieren und schlecht zu behandeln. Es könnte so einfach sein!

Körper:

Eine garnicht einfache Stelle beim Wünschen ist es, wenn in Unkenntnis des wahren Wunsches etwas Falsches gewünscht wird. Ständig werde ich mit Fehlalarmen konfrontiert!

Beate Huppertz-Herrmann:

Wie meinen Sie das, lieber Körper? Können Sie uns ein Beispiel dafür geben?

Körper:

Aber natürlich, es gibt so viele Beispiele!
Eines davon ist eine Frau, die sehr stark übergewichtig ist. Sich wünscht sich also 60 kg zu wiegen. Sie visualisiert und ich bereite mich schon mal die Wunscherfül-

lung vor und setze Alles in Gang, was man so benötigt um gesund Gewicht zu verlieren. Da merke ich plötzlich durch einen deutlichen Hinweis, dass sie sich eigentlich etwas ganz Anderes wünscht als auf aufder Waage eine bestimmte Zahl zu sehen! Sie wünscht sich nämlich in Wirklichkeit Liebe, Respekt und Anerkennung, endlich nicht mehr wegen ihrer Körperfülle gehänselt und belacht zu werden, sie möchte durch schicke Kleider dazugehören und Bewunderung und positive Aufmerksamkeit erregen. Wenn ich sie fragen könnte, was sie wirklich möchte - eine bestimmte Zahl auf der Waage oder von Allen geliebt und bewundert zu werden, was denken Sie wofür sie sich entscheiden wird? Also gehe ich wieder heim, denn für Liebe, Respekt und Annerkennung kann ich nicht sorgen, das kann nur diese Frau selber tun. So geht es mir sehr oft, dass Menschen sich Schlankheit wünschen und eigentlich ein ganz anderer Wunsch dahinter steckt, zum Beispiel einen Partner zu finden. Da bin ich dann nicht der richtige Ansprechpartner!

Beate Huppertz-Herrmann:

Das war ein sehr interessantes und informatives Gespräch. Ich hoffe sehr, dass es dazu beiträgt die Missverständnisse zwischen Ihnen und den Menschen auszuräumen und sie glücklicher zu machen! Lassen Sie uns in Kontakt bleiben um an diesen Aspekten zu arbeiten, im Interesse der Menschen! Vielen Dank an Sie und all die anderen Körper, die so unbemerkt und selbstverständlich ihre Arbeit tun!

Nachwort

Nun bist Du schon beim Nachwort! Ich freue mich sehr und bin glücklich und dankbar, dass Du bis hierher durchgehalten hast. Dieses Buch liegt mir nämlich sehr am Herzen, denn ich bin sicher, es wird auch Dein Leben verändern.

Vielleicht fragst Du Dich, was ist jetzt zu tun? Hier ein paar Vorschläge:

- lies das Buch am Besten noch ein 2. Mal
- lies einzelne Kapitel nochmal
- mache die Übungen
- schau in Deine Notizen
- geh auf die Homepage zum Buch
- lade Dir dort die PDF's runter
- schau Dir das Tapping-Video an
- übe das Tappen, bis es in Fleisch und Blut übergeht
- wenn Du Fragen hast, schreibe eine Mail
- wenn Dir das Buch gefallen hat, schreibe eine Mail
- wenn Du Interesse an Coaching hast, melde Dich bei mir
- wenn Du an einer Gruppe teilnehmen möchtest, melde Dich bei mir
- wenn Du tägliche Inspirationen möchtest, schau auf unsere FB-Seite

Ich freue mich von Dir zu hören!

Zum Abschluß habe ich als Geschenk für Dich nochmal Alles was gut und wichtig für Deine Heilung ist, in 10 Tipps zusammengefasst!

Hier sind 10 LIEBE-volle Tipps, um Dich selber lieben zu lernen:

1. Geh gut mit Deinem Körper um, denn Du hast nur diesen einen. Und er dient Dir sehr treu und zuverlässig in jeder Minute. Gönne ihm den besten Treibstoff dafür, gutes gesundes Essen, Bewegung, frische Luft, Sonne, Pausen und vor Allem Dankbarkeit ♥

2. Hab Spass an Deinem Leben! Sei albern, tanze wild zu Deiner Lieblingsmusik, lache laut und viel, lauf durch den Wald, umarme einen Baum, lauf barfuß, bau eine Sandburg, beobachte eine Schnecke, mach verrückte Dinge ♥

3. Hör sofort auf Dich zu kritisieren, es ändert Nichts zum Positiven, nur zum Negativen. Lobe Dich für das was Du gut kannst, gut gemacht hast oder was Du an Dir magst, und die Dinge verändern sich zum Positiven ♥

4. Erlaube Dir um Hilfe zu bitten, wenn Du sie benötigst. Und erlaube Dir sie anzunehmen, das ist ein Zeichen von Stärke ♥

5. Starte sofort damit Dich selber zu lieben. Warte nicht darauf, dass Du zuerst schlanker, schöner oder reicher sein musst dafür. Es ist genau andersherum, denn wenn Du Dich selber liebst verbessert sich Alles Andere in Deinem Leben ♥

6. Vergib Dir alle Deine vermeintlichen Fehler. Du hast es damals so gut gemacht, wie Du es unter diesen Umständen konntest und nach bestem Wissen gehandelt. Du warst ein Teil Deiner Biografie als Du bestimmte Entscheidungen getroffen hast.

Du hast in Deinem Leben - wie wir alle - falsche, unschöne Dinge getan, und Du hast wunderbare Dinge getan, das macht uns menschlich ♥

7. Schau Dir jeden Morgen im Spiegel direkt in die Augen und sage laut, dass Du Dich liebst und wertschätzt und was Du sonst noch Nettes über Dich sagen möchtest. Schau nicht auf Pickel oder wie die Haare liegen, sondern durch Deine Augen direkt in Dein Herz ♥

8. Liebe und schätze Deine alten Glaubenssätze, danke ihnen und lass sie los. Als sie erschaffen wurden, dienten sie einem Zweck und waren oft zu Deinem Schutz gedacht. Du brauchst sie jetzt nicht mehr, Du hast selber die Verantwortung für Dein Leben übernommen ♥

9. Verurteile Dich nicht selber für negative Gedanken. Lass sie wie eine weisse Watte-Wolke am blauen Himmel einfach vorüberziehen und ersetze sie dann durch einen positiven Gedanken ♥

10. Gehe so liebevoll und geduldig mit Dir um, wie Du mit einem anderen Menschen umgehst, den Du liebst! Sei Deine allerbeste Freundin ♥

Fühl Dich umarmt und pass gut auf Dich auf!

♥

Alle weiterführenden Links, PDF's zum Herunterladen, Termine und meine Kontaktdaten findest Du auf folgender Homepage:

www.buch.dashungrigeherz.de

Du findest uns auch bei Facebook:

www.facebook.com/DasHungrigeHerz

Aktuelle Termine für Workshops auf Mallorca, Fuerteventura und in Deutschland,

findest Du unter

www.buch.dashungrigeherz.de

FSC
www.fsc.org
MIX
Papier aus verantwortungsvollen Quellen
Paper from responsible sources
FSC® C105338